Esta coleção busca contemplar em suas oito obras a complexidade que o tema da metodologia do ensino de Arte tem em seu bojo. São textos que dialogam com estudos atuais e que enfocam com acuidade as linguagens artísticas, destacando por vezes um enfoque específico: histórico, educacional, filosófico, comunicacional, de avaliação e aprendizagem. Voltados a estudantes e profissionais, os livros desta coletânea procuram preencher um espaço deficitário na literatura da área de arte. Contam ainda com um destaque editorial por conter imagens, ilustrações e fotos que complementam os conceitos trabalhados nas obras.

Arte na Educação Escolar

Linguagem da Dança

Filosofia da Arte

A História da Arte por meio da Leitura de Imagens

Linguagem das Artes Visuais

Linguagem da Música

Linguagem do Teatro

Avaliação da Aprendizagem em Arte

Comunicação e Semiótica

Patricia Rita Cortelazzo

A História da Arte
por meio da Leitura
de Imagens

EDITORA intersaberes

Rua Clara Vendramin, 58 . Mossunguê . CEP 81200-170 . Curitiba-PR . Brasil
Fone: (41) 2106-4170 . www.intersaberes.com . editora@editoraintersaberes.com.br

Conselho editorial
Dr. Ivo José Both (presidente)
Drª. Elena Godoy
Dr. Nelson Luís Dias
Dr. Neri dos Santos
Dr. Ulf Gregor Baranow

Editora-chefe
Lindsay Azambuja

Supervisora editorial
Ariadne Nunes Wenger

Analista editorial
Ariel Martins

Análise de informação
Ariadne Nunes Wenger

Revisão de texto
Dorian Cristiane Gerke

Capa
Denis Kaio Tanaami

Projeto gráfico
Bruno Palma e Silva

Diagramação
Regiane de Oliveira Rosa

Iconografia
Danielle Scholtz

Dados Internacioanis de Catalogação na Publicação (CIP)
(Câmara Brasileira do Livro, SP, Brasil)

Cortelazzo, Patricia Rita
 A história da arte por meio da leitura de imagens / Patricia Rita Cortelazzo. – Curitiba: InterSaberes, 2012. – (Coleção Metodologia do Ensino de Artes).

 Bibliografia.
 ISBN 978-85-8212-108-5

 1. Arte – Apreciação 2. Arte – História I. Título II. Série.
 12-07968   CDD 709

Índices para catálogo sistemático:
1. Arte: História 709

1ª Edição, 2012.

Foi feito o depósito legal

Informamos que é de inteira responsabilidade da autora a emissão de conceitos.

Nenhuma parte desta publicação poderá ser reproduzida por qualquer meio ou forma sem a prévia autorização da Editora InterSaberes.

A violação dos direitos autorais é crime estabelecido na Lei nº 9.610/1998 e punido pelo art. 184 do Código Penal.

Sumário

Apresentação, 7
Introdução, 9

Lendo os afrescos de Lorenzetti, 14
    1.1   As alegorias do bom e do mau governo, 18
    Síntese, 26
    Indicações culturais, 27

Idade Moderna, 30
    2.1   Renascimento, 32
    2.2   Diagonais de luzes e sombras, 41
    Síntese, 48
    Indicações culturais, 49

Neoclassicismo, 52
3.1 À luz do pensamento racional e lógico, 55
Síntese, 63
Indicações culturais, 63

Impressionismo e Pós-Impressionismo, 66
4.1 O movimento da luz, 68
4.2 Pós-Impressionismo: explosão de cor e emoção, 79
Síntese, 87
Indicações culturais, 87

Vanguardas, 90
5.1 Expressionismo, 92
5.2 Cubismo, 95
5.3 Surrealismo, 98
Síntese, 102
Indicações culturais, 102

A Missão Francesa, 106
6.1 Remodelando a cidade e a arte, 108
Síntese, 117
Indicações culturais, 117

Considerações finais, 119
Atividades, 121
Relação de obras, 129
Relação de artistas, 133
Referências, 137
Bibliografia comentada, 141
Gabarito, 143

Apresentação

O CONTEÚDO DO PRESENTE LIVRO PRIVILEGIA o estudo de estilos e movimentos artísticos por meio da leitura de imagens. Essa leitura, presente em todos os capítulos, foi feita, na maior parte das vezes, com base em interpretações pessoais, registradas ao longo do exercício da docência, em estudos já existentes e, também, em obras sobre história da arte.

O primeiro capítulo do livro propõe uma reflexão sobre a leitura de imagens e os aspectos que devem ser levados em consideração no momento dessa análise. O capítulo dois trata da construção racional do espaço e dos efeitos de luz e sombra, importantes contribuições da produção artística da Idade Moderna.

O capítulo três mostra quanto os ideais revolucionários influenciaram a arte neoclássica. No estudo do Impressionismo e do Pós-Impressionismo, temas do capítulo quatro, o trabalho com os efeitos da luz e as características peculiares de cada artista serão os principais norteadores da análise das obras. No capítulo cinco, algumas obras de artistas de vanguarda serão analisadas para possibilitar uma melhor compreensão do significado e da importância das primeiras manifestações artísticas do século XX, que influenciaram as novas formas de arte que viriam a ser produzidas a partir de então. E, por fim, no capítulo seis, serão abordadas as mudanças que ocorreram na arte brasileira, após a chegada da Missão Artística Francesa ao País, a fundação da Academia Imperial de Belas Artes e a proposta de remodelação do ensino de Arte, que viriam a acarretar mudanças na produção artística nacional na passagem do período colonial para o imperial.

Para que o aprendizado se dê de maneira consistente, cada capítulo traz uma síntese sobre o que foi estudado, indicações culturais, atividades de autoavaliação, entre outras seções. Também há no rodapé de algumas páginas referências fundamentais para uma melhor compreensão dos assuntos discutidos. Recomendamos a leitura dos livros indicados e a busca por imagens que correspondam aos períodos abordados, para que o estudo seja mais completo ou ao menos seja o início de uma série de pesquisas que tornem as aulas de Arte mais ricas e embasadas.

Introdução

Atualmente, a leitura de imagens vem ganhando espaço nas aulas de Arte, pois, uma vez que somos educados num mundo em que as imagens estão por toda a parte, onde quer que estejamos, fazer a leitura delas torna-se primordial para melhor compreendermos o mundo no qual estamos inseridos. Diversos estudiosos nos indicam caminhos para realizarmos essas leituras.

No entanto, muitas outras estratégias já foram utilizadas no ensino de Arte, incluindo a da Escola Nova, que não aconselhava o estudo das imagens, incentivando apenas a produção espontânea dos alunos. No livro *Imagens que falam*, a professora Dra. Maria Helena Rossi (2003, p. 13-24) nos apresenta um panorama bastante claro sobre as transformações que ocorreram na maneira de ensinar Arte, dando indicações de como a imagem vem sendo trabalhada em sala de aula.

Atualmente, sabemos que, conforme nos indicam os PCN (Brasil, 1998), o ensino de Arte envolve a prática do fazer, da apreciação e da reflexão sobre as obras. É preciso que o aluno seja "alfabetizado" para ler as imagens que se apresentam em seu cotidiano, e o estudo das obras de arte (incluindo as do passado) torna-se um facilitador nesse processo.

Cada aluno traz consigo uma bagagem de conhecimentos ligada à sua experiência de vida, aos estímulos a que foi submetido, às leituras que teve oportunidade de realizar e à cultura na qual está inserido. Na sala de aula, há alunos que demonstram ter um grande repertório cultural, mas também aqueles que trazem poucas informações para a análise de obras. Sendo assim, o professor deve tornar-se o mediador do conhecimento, proporcionando acesso a um repertório imagético amplo, tanto de imagens estáticas (pinturas, gravuras, esculturas, entre outras) como de imagens em movimento (propagandas de TV, filmes).

É importante que, ao trabalhar uma imagem, o docente disponha de conhecimentos suficientes a respeito dela, como a história da obra, os personagens que a compõem e o período no qual se enquadra, fazendo relações com acontecimentos históricos e com as características de cada período evidenciadas na obra. Deve também conhecer as questões técnicas e estruturais e fatos sobre a vida do artista, quando estes tiverem influenciado sua produção, enfim, dados que não limitem a análise a um único aspecto. Também é importante que o aluno tenha espaço para fazer sua própria análise, mesmo que esta não coincida com os dados reais, pois sua opinião deve ser valorizada. Aos poucos, à medida que se familiarizar com as obras, conseguirá fazer relações de maneira mais espontânea e natural e tomar posicionamentos cada vez mais críticos.

Para que a atividade de leitura de imagens desperte o interesse dos alunos, é preciso que sua relação com as obras tenha um significado e, para que isso aconteça, é importante que saiba observá-las, faça perguntas sobre elas, permita-se elaborar várias interpretações, refletindo e interagindo com elas.

Falar sobre obras produzidas em tempos distantes pode ser menos estimulante para o aluno, mas a escola talvez seja o único lugar em que terá contato com elas, representando sua única oportunidade para apreciá-las. Assim, escolher obras de vários períodos é de grande importância, pois, como educadores, temos o dever de buscar ampliar o universo cultural dos alunos, estimulando-os a pesquisarem mais.

Capítulo 1

Lendo os afrescos
de Lorenzetti

* Técnica de pintura na parede realizada com o reboque ainda úmido, para melhor fixação dos pigmentos. (CHILVERS, 1996)

** O Palazzo Pubblico de Siena era um edifício cívico. Sua decoração interna foi realizada por volta de 1312 e reformulada por aproximadamente mais trinta anos.

PARA EXEMPLIFICAR COMO É POSSÍVEL REALIZAR uma ampla e estimulante leitura de imagens, faremos neste capítulo uma leitura cuidadosa dos afrescos* de Ambrogio Lorenzetti no Palazzo Pubblico de Siena**, sobre o bom e o mau governo. A proposta dessa leitura é treinar o olhar, para que este se habitue a outro tipo de linguagem – que não é a escrita, mas sim a visual –, assim como possibilitar o estabelecimento de relações entre cultura e história.

AMBROSIVS · LAVRENTII · DESENIS ·

páginas anteriores:
Alegoria do Bom Governo.
Ambrogio Lorenzetti,
ca. 1337-1340.

à direita:
*Alegoria do Bom Governo –
A Corte do Bem Comum
(detalhe).* Ambrogio
Lorenzetti,
ca. 1337-1340.

* Esta análise foi amplamente baseada no livro *Cinema: arte da memória*, de Milton José de Almeida, cuja leitura recomendamos como forma de aprofundar os conhecimentos sobre os afrescos de Ambrogio Lorenzetti.

1.1 As alegorias do bom e do mau governo

A análise aqui apresentada sobre os afrescos de Lorenzetti tem como base as pesquisas de Milton José de Almeida (1999, p. 77-115) sobre as pinturas *Alegoria do Bom Governo* e *Alegoria do Mau Governo**. Conforme Almeida, o tema tratado nesses afrescos fazia parte do contexto daqueles dias, nos quais os governantes e os defensores do povo que frequentavam o Palazzo Pubblico de Siena eram representados pelos comerciantes burgueses, que se opunham ao poder da nobreza feudal.

Iniciemos com as imagens que representam o Bom Governo: *Alegoria do Bom Governo* (Allegory of the Good Government) e *Alegoria do Bom Governo – A Corte do Bem Comum* (Allegory of the Good Government – left view detail) e *Efeitos do Bom Governo – detalhe* (Effects of Good Government on the City Life – detail), que se encontram na Sala dos Nove.

Conforme o livro *Cinema: arte da memória* (Almeida, 1999), na *Alegoria do Bom Governo*, estão representadas as virtudes. Sentadas em um banco de madeira coberto por um tecido rico em ornamentos, são elas, da esquerda para a direita: recostada, a Paz, com seu vestido branco em estilo clássico, um ramo de oliveira na mão esquerda (sinal de reconciliação com Deus e com a paz, segundo o cristianismo) e uma grinalda na cabeça, também com a mesma folha: o bom governo é aquele que promove a paz; ao seu lado, a Fortaleza, com um cetro e um escudo em suas mãos e, aos seus pés, as imagens de dois cavaleiros montados em seus cavalos: o bom governo deve ser forte; a última virtude desse lado, à direita do Bom Governo, é a Prudência, que segura na mão uma lâmpada (símbolo da vigilância): o bom governo deve ser prudente (Becker, 1999).

O Bom Governo usa uma roupa preta e branca, cores-símbolo da cidade de Siena. Seu olhar está projetado para fora da pintura. É a maior figura de todas,

magnânima, e carrega um escudo dourado e uma lança, pronto para defender seu povo. Abaixo, aos seus pés, há duas crianças sendo alimentadas por uma loba, que estariam representando Ascânio e Sênio, ligados ao mito de fundação da cidade. Acima da cabeça do Bom Governo, estão a Caridade, a Fé e a Esperança, virtudes que devem comandar as atitudes do bom governo.

Continuando, à direita do Bom Governo, sentada, a Magnanimidade, que segura uma coroa na mão esquerda e um prato com moedas na direita, o que significa que o bom governo deve saber recolher os impostos e dividi-los corretamente. A Temperança, ao lado da Magnanimidade, aponta com uma das mãos para a ampulheta que segura, para mostrar que o bom governo deve ser equilibrado, ter controle de seus atos. A última das virtudes sentada neste banco, a Justiça, carrega na mão esquerda a coroa da recompensa e, na direita, uma espada com uma cabeça cortada, demonstrando a punição aplicada aos criminosos, representados abaixo dela, em fila, amarrados.

No detalhe *A Corte do Bem Comum*, no lado esquerdo da pintura, vemos a Sabedoria, com seus dois pratos em equilíbrio na balança. Abaixo dela, está a Concórdia, simbolizando que o bom governo precisa saber dar harmonia às vontades, virtude ligada à justiça.

O detalhe *Efeitos do Bom Governo* nos ajuda a perceber com mais clareza algumas das características dos afrescos, como o fato de que os planos estão muito próximos e a perspectiva é pouco trabalhada. Nessa época, ainda não eram tão frequentes os estudos em cartões, e a pintura exigia uma habilidade muito grande dos artistas, uma vez que secava muito rapidamente (Baxandall, 1991, p. 27-31).

Podemos notar ainda, nesse detalhe, que Lorenzetti não conta uma história linear, mas sim representa os tipos de uma sociedade. Os gestos dos personagens são estáticos, individualizados, como se cada figura representasse uma história única

páginas anteriores:
Efeitos do Bom Governo (detalhe). Ambrogio Lorenzetti, 1337-1340.

à direita:
Alegoria do Mau Governo (detalhe). Ambrogio Lorenzetti, ca. 1337-1340.

que se relaciona às demais. Fica evidente também a intenção de educar pelo olhar, de induzir as pessoas a se identificarem com os personagens e a valorizarem os bons feitos do governo, assim como a praticarem o bem, para que, em consequência disso, todos pudessem viver em harmonia, trabalhando e vivendo sem medo.

Continuando a análise, comentaremos sobre a outra parte do afresco, que também se encontra na Sala dos Nove, em outra parede. Trata-se da *Alegoria do Mau Governo – detalhe* (*Allegory of Bad Government – detail*) (Almeida, 1999, p. 77-115). Logo ao centro, aparece a Tirania, representada pela imagem simbólica de Satanás, vestido todo de preto e identificado pelos chifres (essa parte do afresco está danificada). À sua direita, estão os vícios conspirativos, como a Crueldade, a Fraude e a Maldade; à sua esquerda, os vícios violentos, como o Furor, simbolizado pela figura da besta, a Discórdia, que está cortando a própria pele com uma serra e cuja dualidade é representada pelas vestes em preto e branco (cores de Siena), e a Guerra, com vestes de combate. Acima da imagem central, que simboliza o tirano, apresentam-se os três pecados: Avareza, à esquerda, Soberba, ao centro, e Vanglória, à direita. A figura amarrada pelos pés, em branco, na parte inferior do afresco, é a Justiça. Essa imagem nos remete à ideia de que a justiça fica impossibilitada de agir quando é submetida a um governo tirano.

Evidentemente, o mau governo também acarreta consequências, como podemos observar na imagem da cidade mostrada no detalhe à esquerda: casas destruídas e pouca vegetação. As pessoas representadas dão a impressão de mal-estar e não é perceptível o clima de alegria que há no afresco que representa o bom governo. Podemos notar também que as ruas estão quase desertas, numa alusão, talvez, ao fato de que as pessoas estão assustadas e com medo da tirania e da maldade. Essa parte da pintura está com grandes áreas danificadas, mas, mesmo assim, permite perceber claramente as diferenças entre os efeitos do bom e do mau governo.

à esquerda:
Alegoria do Mau Governo (detalhe). Ambrogio Lorenzetti, ca. 1337-1340.

Como podemos ver pela análise aqui feita, os afrescos de Lorenzetti são uma alegoria que procurou participar ao povo as boas e as más ações cometidas na cidade. Seus personagens indicam uma qualidade ou um defeito, conforme o lugar em que estão inseridos. A pintura é uma verdadeira educação do olhar, além de permitir que, por meio dos acontecimentos políticos desse passado, possamos compreender melhor as imagens e os fatos políticos do presente, pois traz embutida a ideia de democracia e de governo popular. Assim, ao término desse estudo, o professor pode discutir com seus alunos a atualidade dessa obra de forte conotação política e social, fazendo, para isso, uma leitura crítica e relacionada às notícias atuais.

Principais pontos sobre a leitura dos afrescos de Lorenzetti

Destacamos, a seguir, alguns aspectos que devem ser observados na leitura dessa obra, assim como na leitura de outras:
- elementos de composição;
- história do quadro;
- aspectos da vida do artista que tenham influência sobre a obra;
- aspectos históricos que tenham influência sobre a obra;
- opinião dos alunos a respeito da obra.

Síntese

Uma boa leitura de imagens contempla vários aspectos, desde aqueles ligados às técnicas até aqueles ligados a pensamentos mais complexos, que permitem ao aluno buscar relações com seu cotidiano, tanto no nível do microcosmo quanto no do macrocosmo. Não é possível exigir conhecimentos tão aprofundados quanto os de Milton José de Almeida, mas as pesquisas do professor podem estimular os alunos a criarem suas próprias interpretações, conforme suas vivências pessoais.

Indicações culturais

Livros

COLI, J. **O que é arte**. São Paulo: Brasiliense, 2003. (Coleção Primeiros Passos).

SANS, P. de T. C. **Fundamentos para o ensino das artes plásticas**. Campinas: Alínea, 2005.

Sites

DOMÍNIO PÚBLICO. Disponível em: <http://www.dominiopublico.gov.br/pesquisa/PesquisaObraForm.jsp>. Acesso em: 22 fev. 2007.

MUSEUS. Disponível em: <http://www.museus.art.br>. Acesso em: 21 fev. 2007.

PALAZZO PUBBLICO. Disponível em: <http://www.jmrw.com/Abroad/Sienne/pages/02b_jpg.htm>. Acesso em: 21 fev. 2007.

WEB GALLERY OF ART. Disponível em: <http://www.wga.hu/index.html>. Acesso em: 21 fev. 2007.

Filme

SOCIEDADE dos poetas mortos. Direção: Peter Weir. EUA: 1989.

> *Os livros mencionados apresentam conceitos e práticas de ensino. Os sites sugeridos contêm um grande número de imagens que podem ser trabalhadas em sala de aula. O filme mostra a transformação que um professor pode provocar na vida de seus alunos.*

Capítulo 2

Idade Moderna

Tendo como primordial a compreensão dos períodos estudados por meio da leitura de imagens, analisaremos, neste capítulo, as grandes transformações que as artes sofreram por influência do novo espírito inventor que tomou conta da Europa no Renascimento – acarretando uma grande valorização do desenho e da estruturação das obras – e como podemos perceber essas mudanças nas pinturas da época. Em seguida, notaremos como os artistas barrocos, também influenciados pelos acontecimentos do seu tempo, passaram a valorizar a cor para compor suas obras, em contraposição à rígida composição estruturada que até então era predominante. Para fechar o capítulo, abordaremos o estilo rococó, que usufruiu das descobertas anteriores e procurou representar a Corte francesa.

2.1 Renascimento

Grandes mudanças ocorreram na arte a partir do início do século XV. Os interesses modificaram-se e já não importava apenas a representação de cenas religiosas com figuras impregnadas de simbolismo. Os artistas passaram a realizar estudos em cadernos (esboços), preocupando-se cada vez mais com a representação fiel da natureza. A admiração pelas obras gregas e romanas impulsionou estudos incansáveis, que incluíam esboços, desenhos e até dissecação de cadáveres, com o objetivo de superar a arte da Antiguidade Clássica, considerada referência de beleza, proporção e equilíbrio. A mitologia grega passou a ser investigada, servindo como fonte de inspiração temática para as novas pinturas da época.

O espírito investigativo tomou conta desse homem "universal", que buscou novas maneiras de desenvolver suas obras, seja por meio do uso de novas técnicas de pintura, seja por meio do uso da perspectiva, que o ajudaram a alcançar uma representação mais fiel da realidade.

Nesse momento, o homem e suas descobertas científicas passaram a ter mais valor. É importante perceber que, mesmo com a mudança de mentalidade, os artistas renascentistas não deixaram de representar cenas religiosas. Essa é uma confusão muito frequente entre os alunos, que acabam relacionando a visão antropocêntrica de mundo com a negação e a exclusão de qualquer cena que diga respeito aos acontecimentos ligados à vida religiosa. Embora a arte do século XV tenha rompido com a da Idade Média, continuou tratando de temas religiosos, mas também passou a representar outros acontecimentos do mundo.

2.1.1 Perspectiva em ação

à direita:
A Santíssima Trindade.
Masaccio, 1425-1428.

Masaccio foi um grande estudioso da perspectiva, e seu quadro *A Santíssima Trindade* (*Trinity*) deve ser um dos primeiros exemplos no qual as regras de desenho foram conscientemente aplicadas (Baxandall, 1991).

Os personagens da obra podem ser facilmente identificados, principalmente por aqueles de formação cristã, pois são figuras bem conhecidas por eles: ao centro e no alto está Deus Pai e, logo abaixo Dele, Jesus Crucificado. Essas duas figuras, as mais importantes, estão centralizadas, como ocorria de costume nas pinturas renascentistas, que procuravam destacar no centro da obra os personagens de maior relevância. À esquerda, com a mão direita apontando para a cena principal, único gesto da obra que indica movimento, está a Virgem Maria, vestida com um manto azul, e, à direita, no mesmo plano, São João Evangelista, com vestes em tons vermelhos e as mãos entrelaçadas, numa atitude de oração. Em todo o afresco, existe essa preocupação com a alternância dos tons vermelhos e azuis, que equilibra a composição. É comum os alunos buscarem um significado para esse jogo de cores, normalmente relacionando o vermelho ao amor divino e o azul à paz celestial (Becker, 1999).

Em cada uma das extremidades do afresco, podemos observar o casal responsável pela encomenda da obra. À esquerda, em vermelho, o homem e, à direita, em azul, a mulher, ambos em atitude de respeito e oração, com as mãos juntas um pouco abaixo do peito. Para completar, na parte inferior do afresco, há um sarcófago com um esqueleto e as palavras: "Eu fui o que tu és e o que eu sou tu serás" (Iconographos, 2008).

Essa é uma pintura solene, austera, que demonstra a grande preocupação de Masaccio com a perspectiva e a organização equilibrada das figuras no espaço. Além do uso alternado da cor, que ressalta o equilíbrio das figuras, outra característica comum nas obras renascentistas, que cria a ilusão de profundidade, é o uso do quadriculado. No caso da obra em análise, encontra-se acima da cabeça de Cristo, mas pode também ser muitas vezes observado no chão.

O arco romano e as colunas de ordem jônica (na parte interna) e coríntia (na parte externa) fazem alusão às antigas construções do período greco-romano, um aspecto importante a ser observado, uma vez que a arte renascentista retomou padrões da Antiguidade Clássica.

Um bom exercício para perceber a construção em perspectiva na obra é prolongar as linhas principais, partindo do quadriculado, acima da cabeça de Cristo. Ao se fazer isso, é possível perceber que convergem para um único ponto, comprovando o uso desse tipo de técnica na obra.

2.1.2 Mitologia

Continuando a pensar na arte renascentista, apresentaremos outra forma de trabalhar a leitura de imagens, comparando duas obras, com base em análise e estudo pessoal realizados no ano de 2000 (não publicado): *O Nascimento de Vênus* (*The Birth of Venus*), de Botticelli, e *A Ninfa Galateia* (*La Ninfa Galatea*), de Rafael, as quais, segundo Gombrich (2002, p. 319), teriam sido inspiradas em um poema florentino de Angelo Poliziano.

No quadro de Botticelli (Bulfinch; Becker, 1999), há os seguintes personagens: flutuando sobre uma concha ao centro, está Vênus, deusa da beleza e do amor; na lateral esquerda, Zéfiro, deus do vento oeste, e sua esposa, Flora, deusa das flores; à direita, carregando um manto de flores, Hora, ninfa da primavera.

No quadro de Rafael (Bulfinch; Becker, 1999), a ninfa marinha Galateia, filha de Nereu, uma divindade aquática, conduz um carro marinho puxado por dois golfinhos, que representam a castidade. À direita, Tritão, apresentado pelos poetas como trombeteiro de seu pai, Netuno, toca um instrumento, chamando alguns habitantes do mar para a passagem de Galateia. Seu gesto se equilibra com o do Tritão da esquerda, que está em um cavalo-marinho. Na parte direita do quadro, uma ninfa loira cavalga na garupa de um centauro (cabeça e tronco de homem e, da cintura para baixo, forma de cavalo, único dos monstros mitológicos ao qual eram atribuídas boas qualidades). Outra ninfa está se desvencilhando

páginas seguintes:
O Nascimento de Vênus.
Sandro Botticelli, 1485.

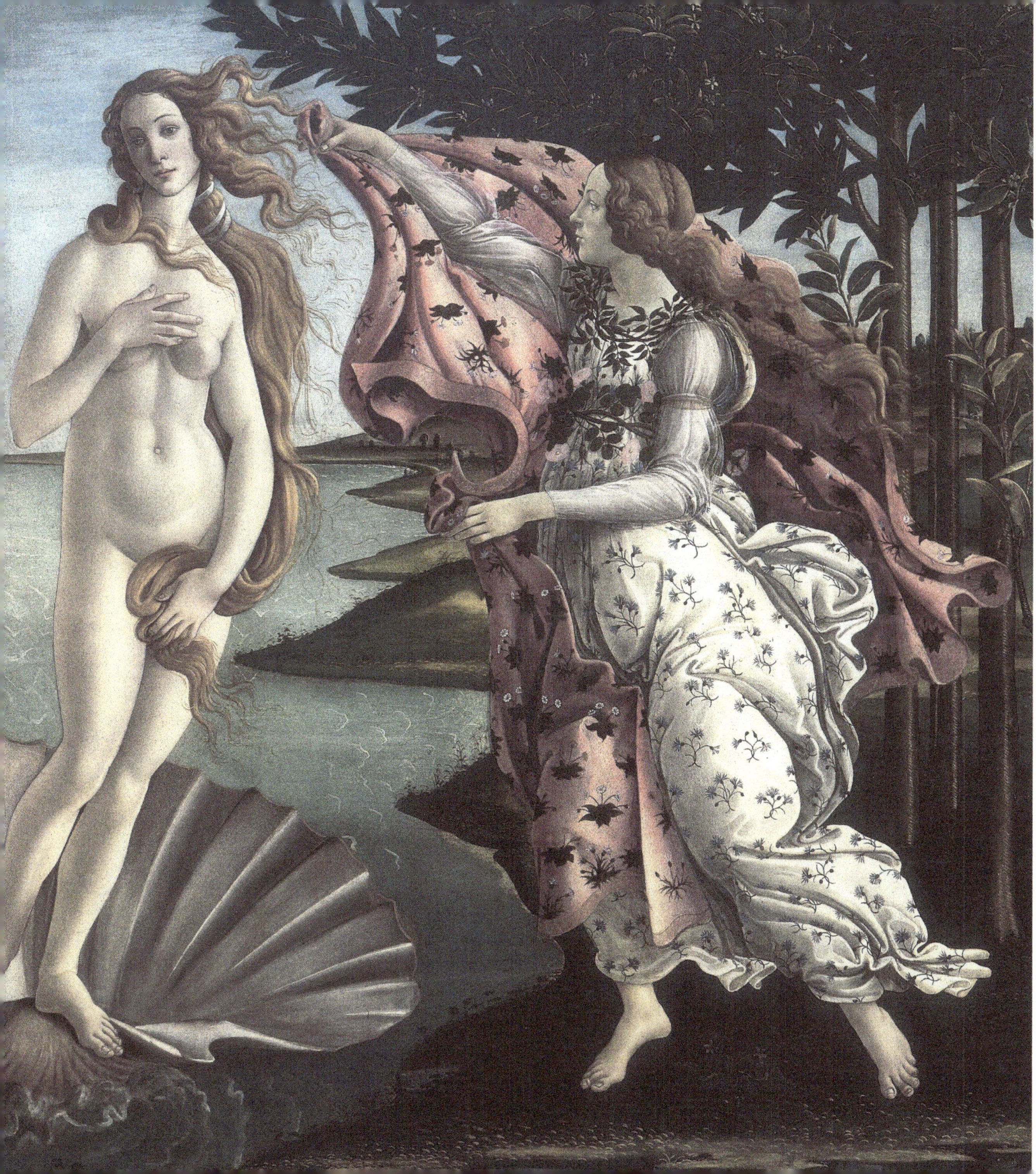

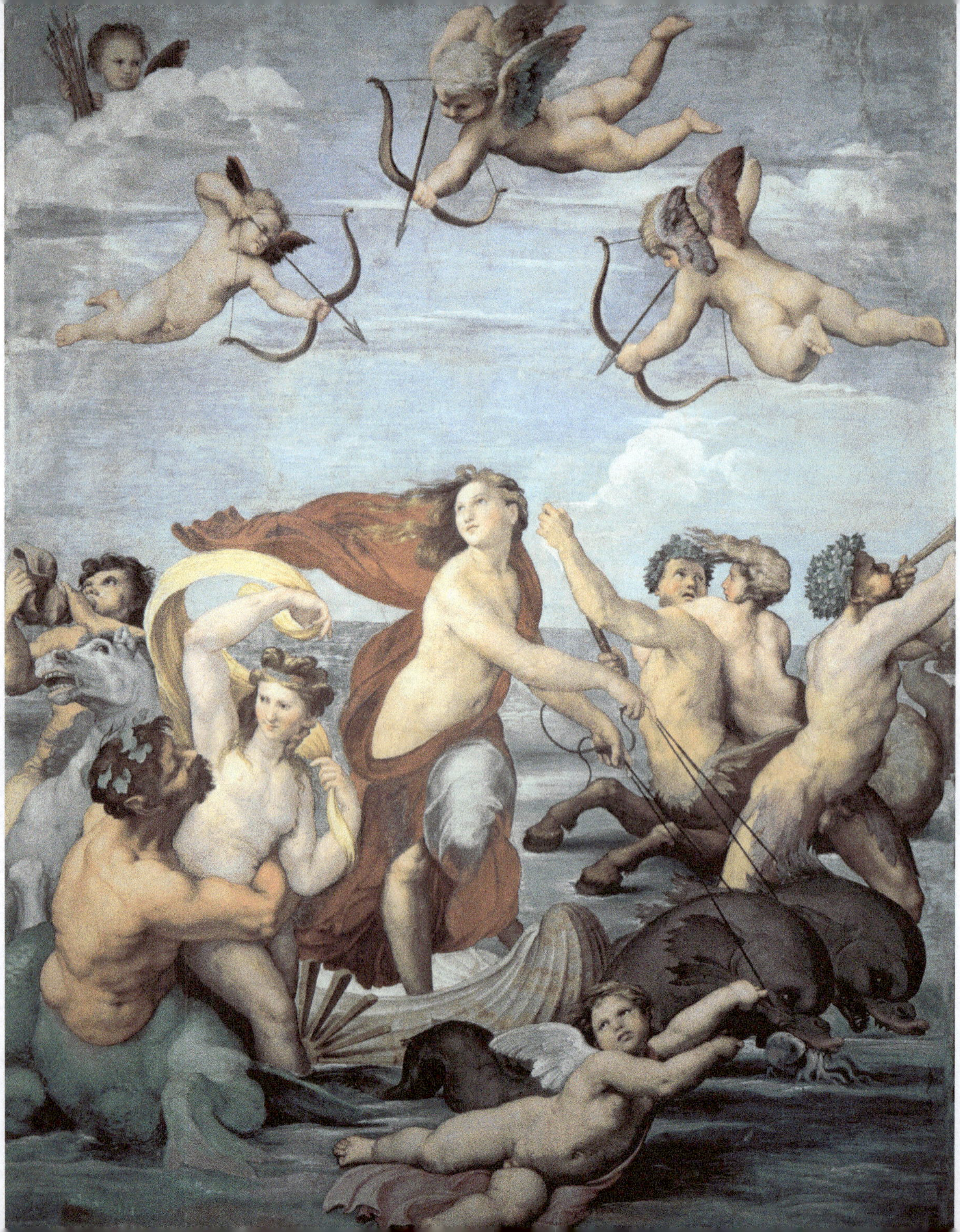

do braço de seu acompanhante de barba, na parte inferior do quadro. Na parte superior, três cupidos apontam suas flechas aos casais. Atrás de uma nuvem, outro segura várias flechas. Na parte inferior do quadro, está o quinto menino de asas, sendo levado pelo fluxo das ondas e se segurando em um dos golfinhos. Os polvos retratados no quadro eram considerados o símbolo da luxúria.

As duas obras foram estruturadas de maneira que as figuras principais ficassem centralizadas. Na Vênus de Botticelli, ao traçarmos a mediatriz de cada um de seus lados, obtemos o ponto médio do quadro, próximo ao ventre da deusa do amor. No caso de Galateia, também há uma convergência dos traços, que unem as diagonais no mesmo ponto do corpo da ninfa, entre o rosto e o peito.

A distribuição das figuras, em ambos os casos, demonstra que os elementos da pintura foram distribuídos de maneira equilibrada e harmoniosa, conforme os princípios da arte renascentista, dando a impressão de estarem ligados uns aos outros. O movimento dos corpos preenche os espaços e dá mais realismo à obra. O tecido vermelho em torno do corpo de Galateia parece voar com o vento, assim como os cabelos da ninfa. No caso da Vênus, percebe-se a presença do vento principalmente pelas flores voando e pelo sopro de Zéfiro. A pintura de Botticelli acentua o contorno dos corpos, com espaços mais delimitados, enquanto, na obra de Rafael, esse efeito parece ter sido obtido de forma mais gradual, com contornos menos marcados.

O fundo das composições não era uma prioridade para os artistas – o importante era a história retratada, que vinha em primeiro plano. O mar criado por Botticelli parece mais decorativo e distante da realidade, enquanto, em Rafael, temos uma pintura mais "realista", embora os personagens pareçam estar apoiados sobre as águas e não submersos nelas. Os temas derivam da mitologia greco--romana, resgatada nessa época como fonte de inspiração para os artistas. Na verdade, acreditava-se que os mitos gregos e romanos eram muito mais do que

à esquerda:
A *Ninfa Galateia*.
Rafael del Sanzio,
1512-1514.

histórias: considerava-se que essas lendas carregavam consigo muita sabedoria, verdade e mistério.

Apesar de as histórias tratadas serem diferentes, percebemos que apresentam certa coincidência quanto ao elemento água, presente em ambas. Segundo a mitologia, os genitais de Saturno (o tempo) foram jogados ao mar e ali se transformaram em espuma; dessa espuma, teria nascido Vênus, encontrada por Zéfiro e levada até a ilha de Chipre, local em que foi cuidada pelas Horas. Já Galateia, filha de Nereu e Dóris, divindades marinhas, refugiava-se nas profundezas do mar para fugir da paixão de ciclopes como Polifemo (Bulfinch, 1999). Outra semelhança está no fato de Vênus e Galateia terem perdido seus amados, desfeitos em sangue. Porém, do sangue de Adônis (amado de Vênus) nasceu uma flor vermelho-viva de vida curta chamada *anêmona*. Já o sangue de Ácis (amado de Galateia) foi se transformando num rio, que recebeu seu nome.

É importante que o professor esteja preparado para identificar os personagens e os fatos retratados nas pinturas, pois certamente os alunos terão curiosidade sobre eles. O quadro de Botticelli é mais conhecido e, portanto, vários alunos talvez identifiquem o tema tratado, mas o de Rafael requer maior estudo e aprofundamento – normalmente, para a pesquisa sobre os personagens e a história da obra, a análise do título pode servir como ponto de partida. Ambas as pinturas permitem inúmeras interpretações. Antes de iniciar seus comentários, mostrando a importância que os temas mitológicos passaram a ter a partir da arte renascentista, é interessante que o professor estimule seus alunos a dizer em que essas imagens lhes fazem pensar, quais lembranças elas fazem vir à mente.

Principais pontos sobre a arte renascentista

Destacamos, a seguir, as principais características da arte na época do Renascimento:
~ uso da perspectiva, permitindo uma representação mais fiel da natureza;

- representação tridimensional das figuras humanas;
- preocupação em colocar as figuras em um espaço definido e em relação evidente com os personagens;
- estudo dos temas em cartões, por meio de esboços;
- resgate da cultura greco-romana;
- retomada do ideal de beleza da cultura clássica (racional, lógico e equilibrado).

Outros artistas de destaque que viveram no período são:
- Leonardo da Vinci (1452-1519);
- Michelangelo Buonarroti (1475-1564);
- Albrecht Dürer (1471-1528);
- Vecellio Tiziano (ca. 1485-1576).

2.2 Diagonais de luzes e sombras

No século XVI, uma nova maneira de pintar começou a surgir entre os pintores, que passaram a dar maior importância aos efeitos de luz e sombra. A atração pelo movimento que esses efeitos da luz eram capazes de proporcionar criou também uma composição em diagonal, diferenciando-se das obras anteriores, que privilegiavam a centralização e o equilíbrio das figuras.

Também nesse período, podemos destacar as técnicas e, principalmente, a temática diferente de alguns artistas holandeses. Essas novas temáticas podem ter surgido como um reflexo da reforma protestante que ocorria na Europa e da adesão dos Países Baixos à nova religião. Esses artistas holandeses passaram, então, a buscar inspirações em outros temas, em detrimento dos motivos religiosos. Surgiram, assim, por exemplo, as naturezas-mortas e passaram a ser valorizados as cenas cotidianas e os retratos individuais e de grupos.

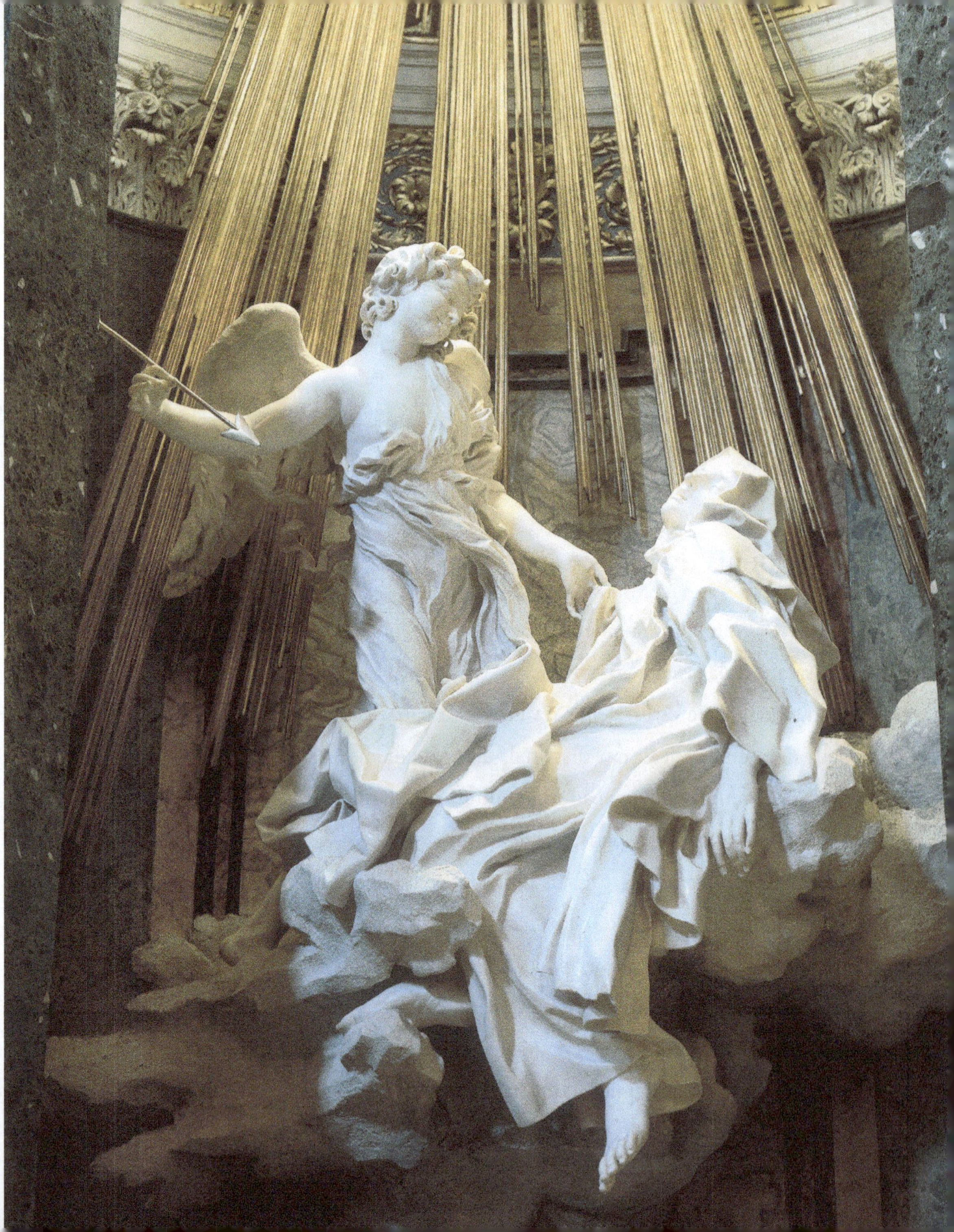

2.2.1 Barroco

A escultura *Êxtase de Santa Tereza (The Ecstasy of Saint Therese)* apresenta diversas características barrocas, como a ilusão de movimento e os efeitos de luz e sombra. Percebe-se também grande dramaticidade na cena, que mostra o momento em que a santa é atingida pela flecha de um anjo. O mármore branco esculpido, cheio de reentrâncias, contribui para o efeito de luz e sombra explorado pelo artista.

Vale lembrar que essa obra é uma escultura, vista aqui em um plano bidimensional. Os alunos frequentemente imaginam que seja uma pintura, o que torna necessário relembrá-los sobre o tipo de trabalho realizado.

Existe na imagem um movimento contraditório: a luz que ilumina a santa vem do alto, e a aparente nuvem que a sustenta, em pleno êxtase, parece elevá-la para o céu, para junto de Deus. No trabalho com essa obra, o professor pode sugerir aos alunos uma pesquisa sobre a vida de Santa Tereza, o que possibilitaria o surgimento de novas interpretações e análises.

Outra imagem que representa os ideais do período é *A Lição de Anatomia do Dr. Tulp (The Anatomy Lecture of Dr. Nicolaes Tulp)*, mas com uma proposta diferente, pois faz parte das obras de Rembrandt, pintor holandês influenciado pela burguesia, cujos integrantes desejavam se tornar famosos e ser lembrados por todos, patrocinando artistas para que os retratassem em poses enaltecedoras.

Percebemos que a composição foi estruturada de maneira que a luz que incide no corpo do cadáver seja diagonal (o próprio cadáver está posicionado na diagonal) e ilumine o rosto de todas as pessoas do grupo. O fundo escuro dá um destaque ainda maior para os indivíduos representados, que estão nitidamente posando para o pintor. Pelo chapéu e pelas roupas, notamos tratar-se de pessoas ligadas à burguesia, provavelmente um médico e seus alunos no momento de uma aula. Como percebemos nessa obra, a arte barroca dos Países Baixos

à esquerda:
Êxtase de Santa Teresa.
Gian Lorenzo Bernini,
1645-1652.

buscou novas inspirações para suas pinturas, enaltecendo aspectos menos ligados às questões religiosas.

Principais pontos sobre o Barroco

Destacamos, a seguir, as principais características da arte barroca:
~ representação do momento de maior intensidade dramática;
~ uso dos efeitos de luz e sombra;
~ ilusão de movimento, pelo uso de diagonais e corpos retorcidos;
~ teatralidade.

Outros artistas de destaque que viveram no período são:
~ Michelangelo Merisi da Caravaggio (1571-1610);
~ Frans Hals (ca. 1581-1666);
~ Peter Paul Rubens (1577-1640).

2.2.2 Rococó

Menos expressivo, mas muito importante, principalmente para compreender a arte neoclássica, o Rococó foi um movimento que surgiu no final do século XVII, caracterizando-se por representar a aristocracia e por usar cores claras, leves. As obras desse movimento causam uma sensação de alegria e bem-estar no espectador, mas, na época, tinham o claro objetivo de mostrar a vida e o poder dos reis e de sua Corte, principalmente no reinado de Luís XIV (Gombrich, 2002).

Como podemos observar na obra *Le Rendez-vous de Chasse*, de Watteau, ao invés da dramaticidade carregada das cores e contorções barrocas, temos uma arte mais clara e leve, retratando a vida da Corte e os jardins. Todos os personagens estão vestidos com muito luxo, demonstrando a riqueza e o poder da aristocracia da época. Prevalece a elegância ao tom realista ou dramático. É uma

à direita:
A Lição de Anatomia do Dr. Tulp. Rembrandt, 1632.

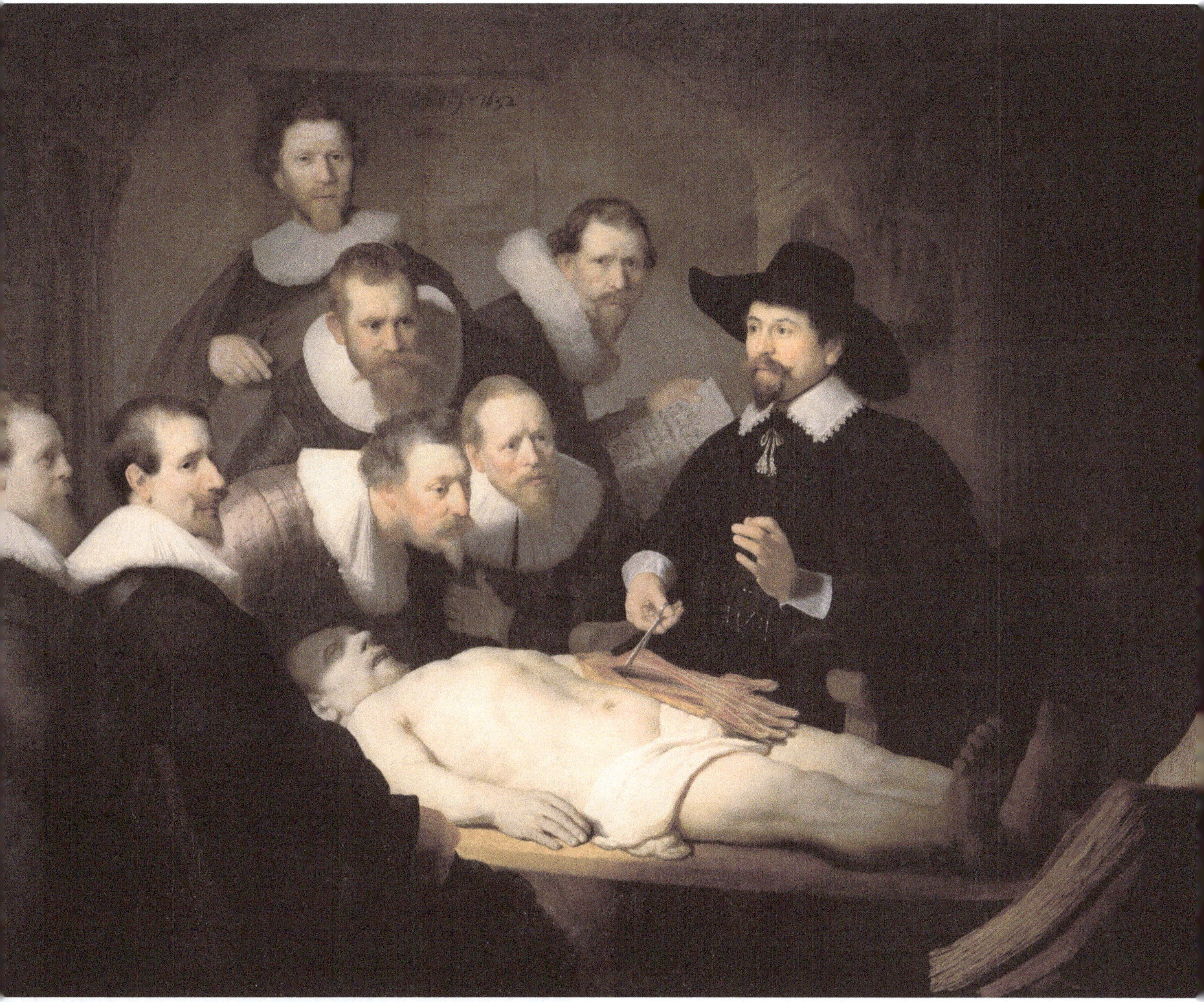

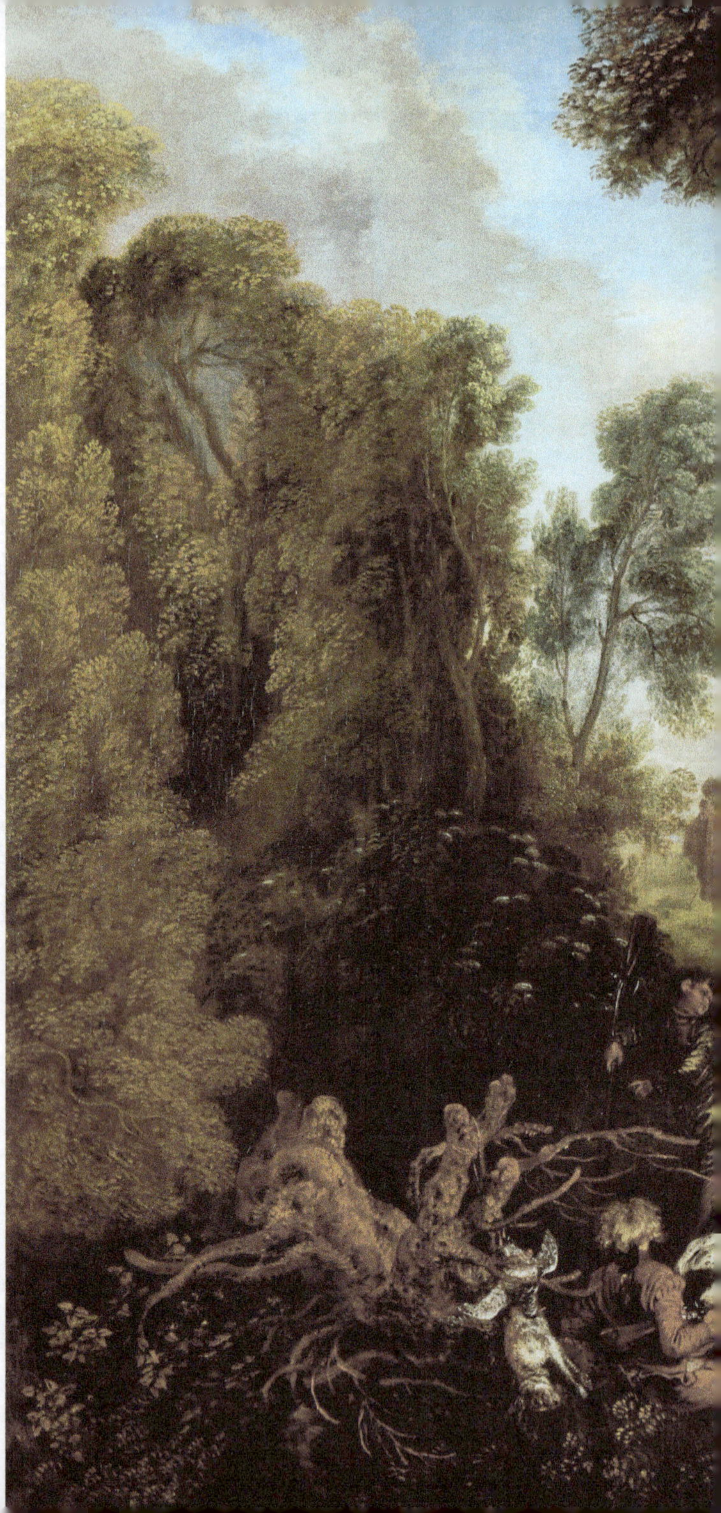

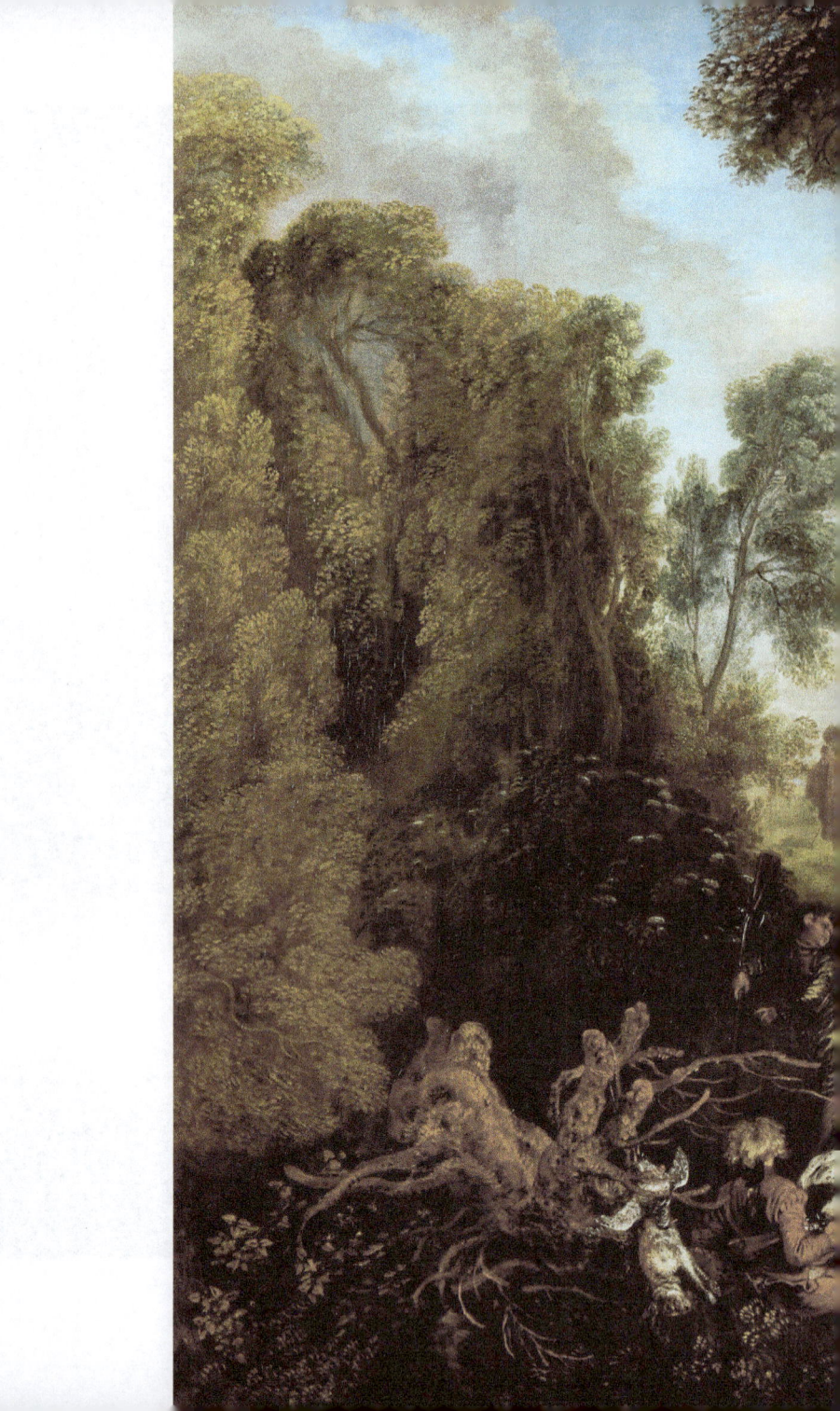

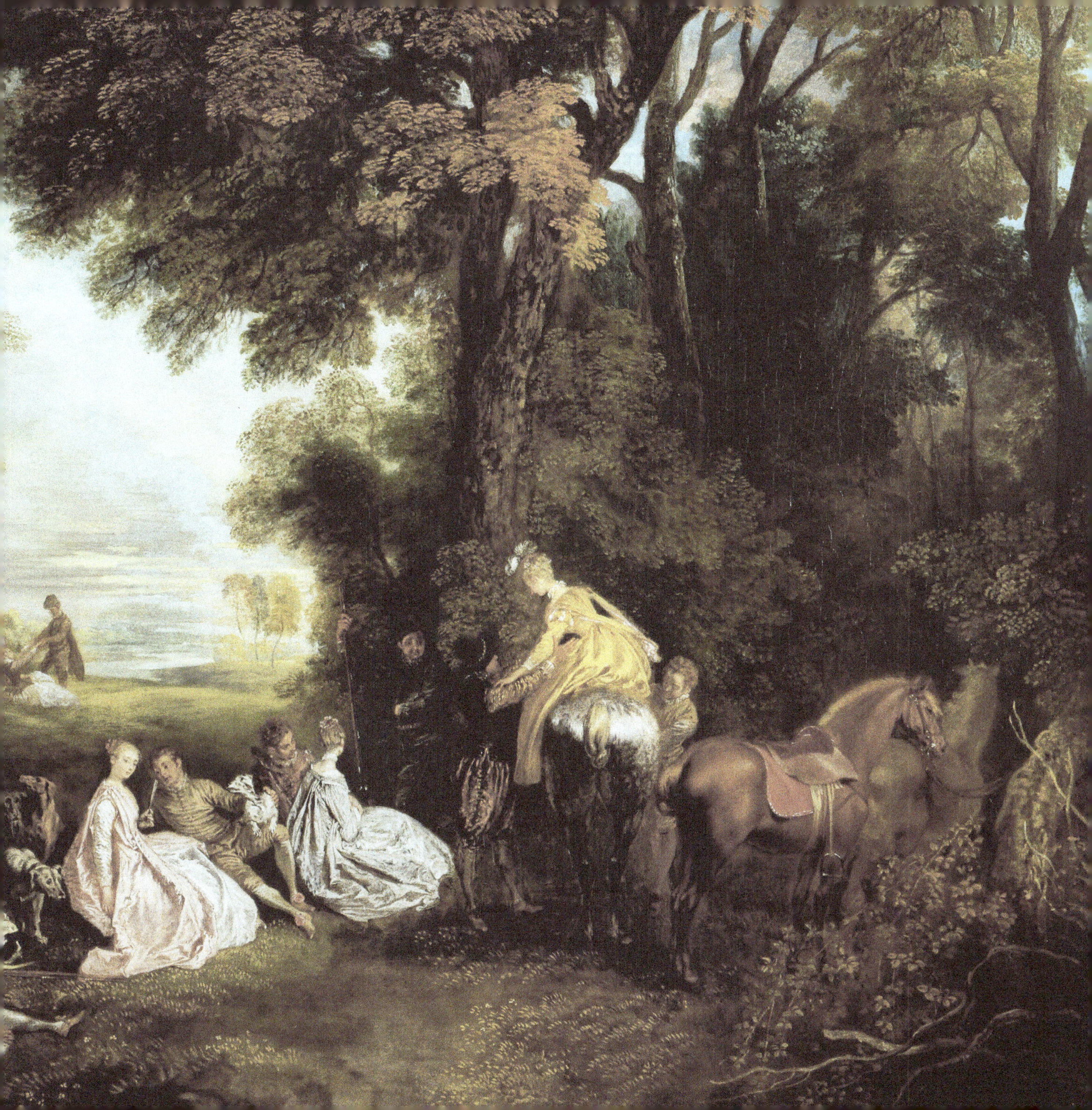

obra de arte para ser contemplada por sua beleza e pela graciosidade das figuras, com significativa importância para a compreensão da vida na Corte, mas muito recriminada com relação ao seu conteúdo superficial no século seguinte.

Principais pontos sobre o Rococó

Destacamos, a seguir, as principais características do estilo rococó:
- representação de temas ligados à vida da corte;
- uso de cores leves;
- uso da perspectiva e dos efeitos de luz e sombra;
- retrato de jardins, interiores, festas;
- luxo e riqueza exuberantes, para encantar o povo.

Outros artistas de destaque que viveram no período são:
- Jean-Honoré Fragonard (1732-1806);
- François Boucher (1703-1770).

Síntese

É importante destacar que, entre os séculos XV e XVII, já no início do século XVIII, várias inovações contribuíram para transformar a arte e o modo de pensar a beleza. Entre elas, podemos citar o uso da perspectiva e da composição equilibrada, o estudo dos movimentos do corpo humano, por meio da dissecação de cadáveres, possibilitando o desenho perfeito, a exploração de novos temas, como a mitologia, as naturezas-mortas e a vida cotidiana, os efeitos de luz e sombra, que possibilitaram maior dramaticidade à cena, entre muitas outras que até hoje influenciam nossos olhares sobre as obras.

páginas anteriores:
Le Rendez-vous de Chasse. Antoine Watteau, 1720.

Indicações culturais

Sites

RIJKSMUSEUM AMSTERDAM. Disponível em: <http://www.rijksmuseum.nl/index.jsp>. Acesso em: 24 fev. 2007.

WEB GALLERY OF ART. Disponível em: <http://www.wga.hu/index.html>. Acesso em: 21 fev. 2007.

CHRISTUS REX. Disponível em: <http://www.christusrex.org/>. Acesso em: 24 fev. 2007.

MUSEO NACIONAL DEL PRADO. Disponível em: <http://museoprado.mcu.es/index.php?id=50>. Acesso em: 24 fev. 2007.

Filmes

A RAINHA Margot. Direção: Patrice Chéreau. França/Alemanha: 1994.

ELIZABETH. Direção: Shekhar Kapur. Inglaterra: 1998.

GIORDANO Bruno. Direção: Giuliano Montaldo. França: 1973.

MOÇA com brinco de pérola. Direção: Peter Webber. Reino Unido/Luxemburgo: 2003.

Nos sites, é possível encontrar obras de arte representativas do período estudado. Os filmes contextualizam aspectos históricos e culturais da época.

Capítulo 3

Neoclassicismo

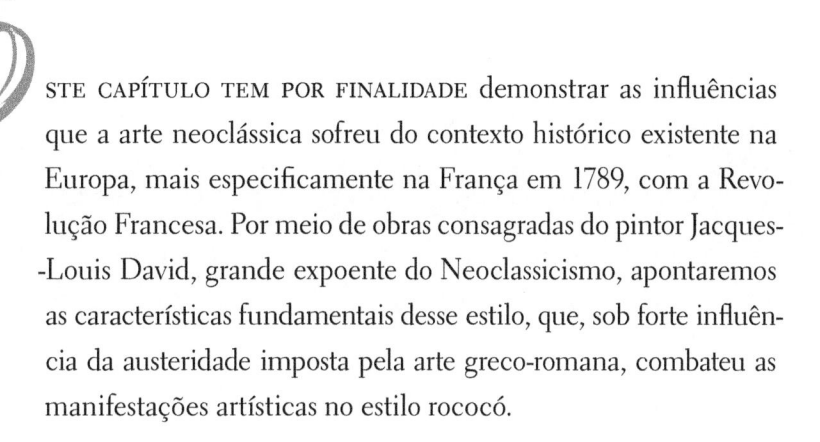

STE CAPÍTULO TEM POR FINALIDADE demonstrar as influências que a arte neoclássica sofreu do contexto histórico existente na Europa, mais especificamente na França em 1789, com a Revolução Francesa. Por meio de obras consagradas do pintor Jacques-Louis David, grande expoente do Neoclassicismo, apontaremos as características fundamentais desse estilo, que, sob forte influência da austeridade imposta pela arte greco-romana, combateu as manifestações artísticas no estilo rococó.

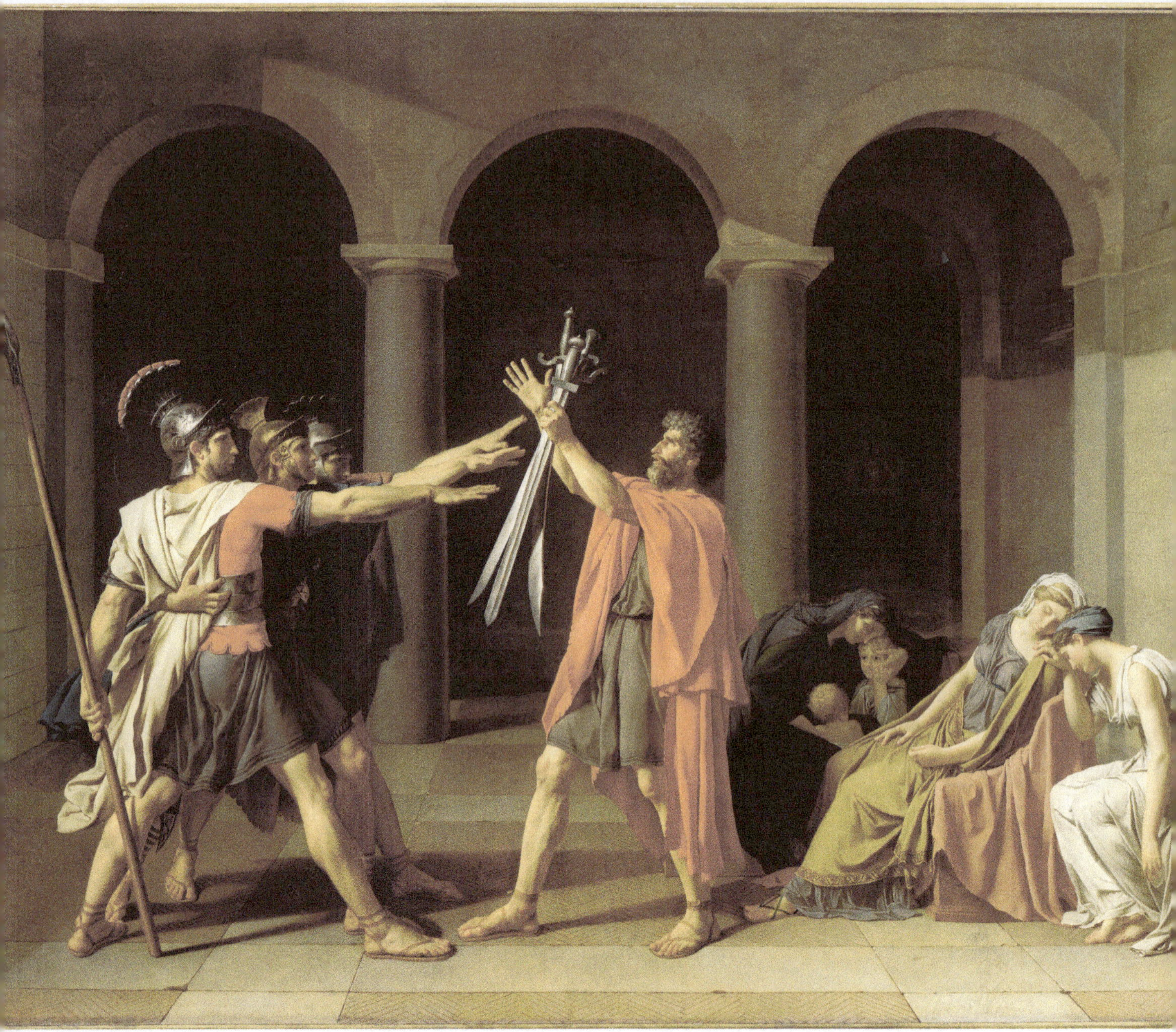

3.1 À luz do pensamento racional e lógico

Falar sobre a arte neoclássica inevitavelmente esbarra em dois aspectos que muito influenciaram sua produção: o clima revolucionário que rondava Paris, tanto no tocante aos ideais de liberdade, igualdade e fraternidade quanto no tocante à influência dos filósofos que pregavam os ideais de racionalidade e lógica. Outro fato relevante nesse período foi a descoberta arqueológica das cidades de Pompeia e Herculano, que inspiraram os artistas, devido à sua arte e às suas construções austeras.

Os apontamentos referentes ao Neoclassicismo serão feitos por meio do estudo de obras, para que os conhecimentos se tornem mais significativos. O trabalho em sala de aula pode ser desenvolvido da mesma maneira, para que o aluno compreenda as relações entre arte e história e a análise de obras não seja feita de maneira isolada.

O "clima" que predominou na arte europeia do final do século XVIII ao início do século XIX pode ser um tema trabalhado pelo professor de Arte juntamente com os professores de História e de Filosofia, para que os alunos possam compreender com maior clareza o pensamento da época, que influenciou diretamente a arte do período (Winckelmann, 1975; Guinsburg, 1999, p. 263-345). Existem muitas críticas a respeito desse movimento, mas é importante estudá-lo para que os alunos compreendam a influência das transformações históricas sobre as manifestações artísticas.

O artista mais conhecido desse período e cujas obras melhor exemplificam o pensamento da época é Jacques-Louis David, que passou o período inicial de sua carreira na Itália, onde estudou as obras da Antiguidade e do Renascimento (Chilvers, 1996, p. 144).

à esquerda:
O Juramento dos Horácios. Jacques-Louis David, 1784.

A obra *O Juramento dos Horácios* (*The Oath of Horatii*) trata de um episódio da história romana em que três irmãos (os Horácios do título) fazem um juramento ao pai de morrerem pela pátria. Logo de início, podemos perceber certo incentivo à defesa da pátria, como que demonstrando ao povo francês a importância desse gesto (Cumming, 1996, p. 70-71). É importante destacar que, nesse período, entrou em voga o que os historiadores chamam de *hierarquia de gêneros*, na qual a pintura histórica, de grandes dimensões, ocupava o lugar de maior destaque e valor perante o público (Guinsburg, 1999, p. 271).

Muito característico das pinturas dessa fase, mais revolucionária, é o jogo de luzes, sombras e cores, estas mais escuras e pesadas, mas usadas de forma equilibrada. Mas o que tinha maior valor na composição da obra era o desenho, realizado conforme as proporções da Antiguidade Clássica. Daí a chamada *primazia do desenho* no Neoclassicismo (Guinsburg, 1999, p. 271).

Na tela *O Juramento dos Horácios*, a figura central, o pai, veste uma capa vermelha, talvez pelo fato de essa cor representar o amor (no caso, pela pátria). Podemos também observar que cada um dos filhos veste, respectivamente, uma capa em tom de branco, azul e vermelho, cores da bandeira francesa, as quais se repetem nas vestes das três mulheres, na ponta direita do quadro.

As figuras lembram estátuas romanas, sem o movimento característico do Rococó e do Barroco, nem tampouco a dramaticidade destes. Parecem posar para uma cena, como se estivessem congeladas. A explosão de sentimento da fase anterior não é trabalhada da mesma forma nessa obra. No entanto, apesar do rigor das imagens, é possível observar que, ao retratar o corpo humano, o artista teve cuidado com detalhes, como a musculatura das pernas e dos braços dos três irmãos, contraída num gesto de tensão, em oposição aos gestos das mulheres, mais delicados, como se estivessem em estado de profundo desânimo.

Desde a época renascentista, o chão quadriculado era um recurso bastante utilizado para auxiliar na composição da perspectiva e está também presente

à direita:
Os Três Horácios.
Jacques-Louis David,
1785.

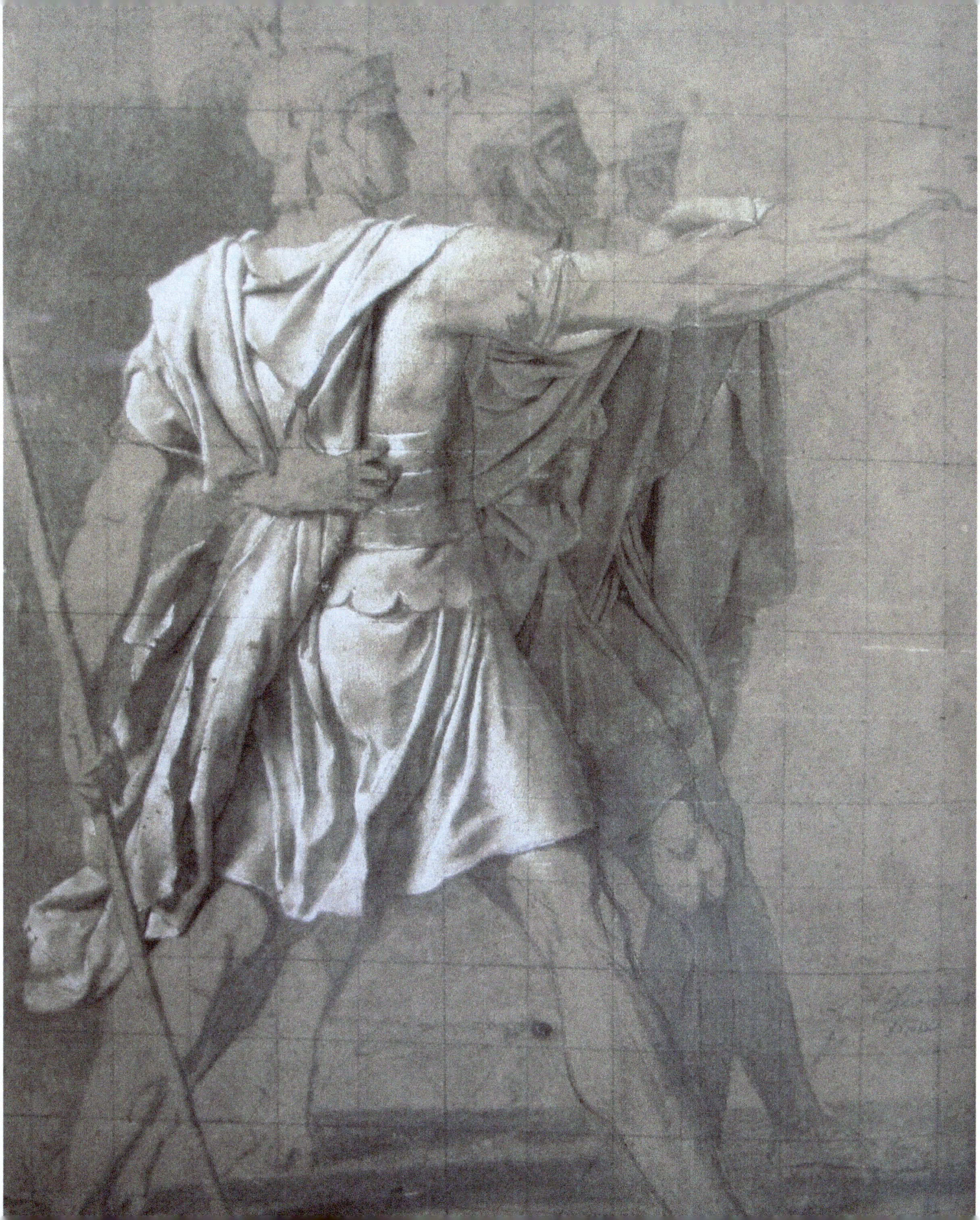

à direita:
A Morte de Sócrates.
Jacques-Louis David,
1787.

nessa obra. Além disso, no ambiente em que se passa a cena, vemos ao fundo arcos romanos sobre colunas de estilo dórico, outra referência ao resgate da arte da Renascença. Os grupos de figuras sob os arcos estão dispostos cada um na direção de um dos arcos, demonstrando a estruturação equilibrada do quadro. Pelo desenho *Os Três Horácios* (*The Three Horatii Brothers*), podemos ainda notar que o artista trabalhava usando o esboço e empregava a técnica do quadriculado para realizar suas composições.

Outra obra que pode ser usada para que os alunos compreendam o estilo neoclássico é *A Morte de Sócrates* (*The Death of Socrates*). A cena principal dessa tela retrata o momento no qual Sócrates, condenado à morte, pega o cálice para tomar o veneno. Na verdade, segundo a história, amigos de Sócrates teriam sugerido a ele que fugisse da prisão, mas este se negou, por não querer contrariar as leis da pátria. Na cena, há elementos que relembram a história: a taça com o veneno, as correntes nas quais Sócrates ficou aprisionado, suas vestes simples, os amigos ao seu redor. Ao fundo, na parte esquerda da obra, podemos ver mulheres se retirando, conforme o pedido de Sócrates*.

Mais uma vez, é uma pintura histórica que faz alusão à obediência à pátria, reforçando os ideais da Revolução Francesa. Da mesma forma que na pintura anterior, podemos perceber a composição estruturada de maneira racional e organizada, os corpos idealizados segundo uma beleza estatuária, severos, estáticos, lembrando estátuas, mas desenhados com a perfeição anatômica esperada dos grandes artistas. Elementos de composição como o chão quadriculado e a construção em arcos estão também presentes e, para concluir, novamente as cores usadas são o branco, o azul e o vermelho.

* Baseado em
Sócrates, 2007.

** Patrocinador da arte, mais atuante na época renascentista.
(Chilvers, 1996)

Como última análise da obra de Jacques-Louis David, que ficou conhecido como o maior artista neoclássico, abordaremos a pintura *Consagração do Imperador Napoleão I e Coroação da Imperatriz Josephine* (*Consecration of the*

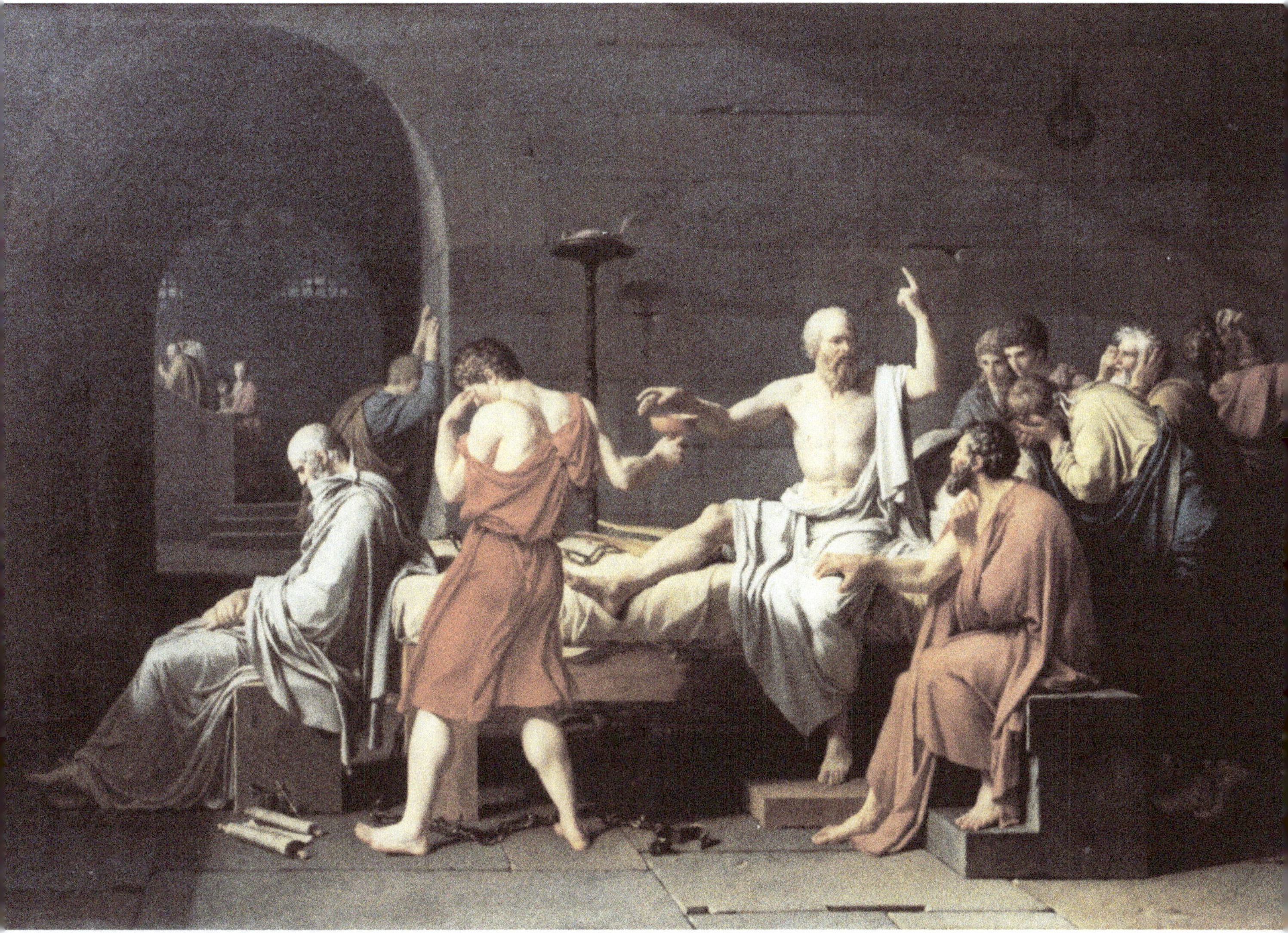

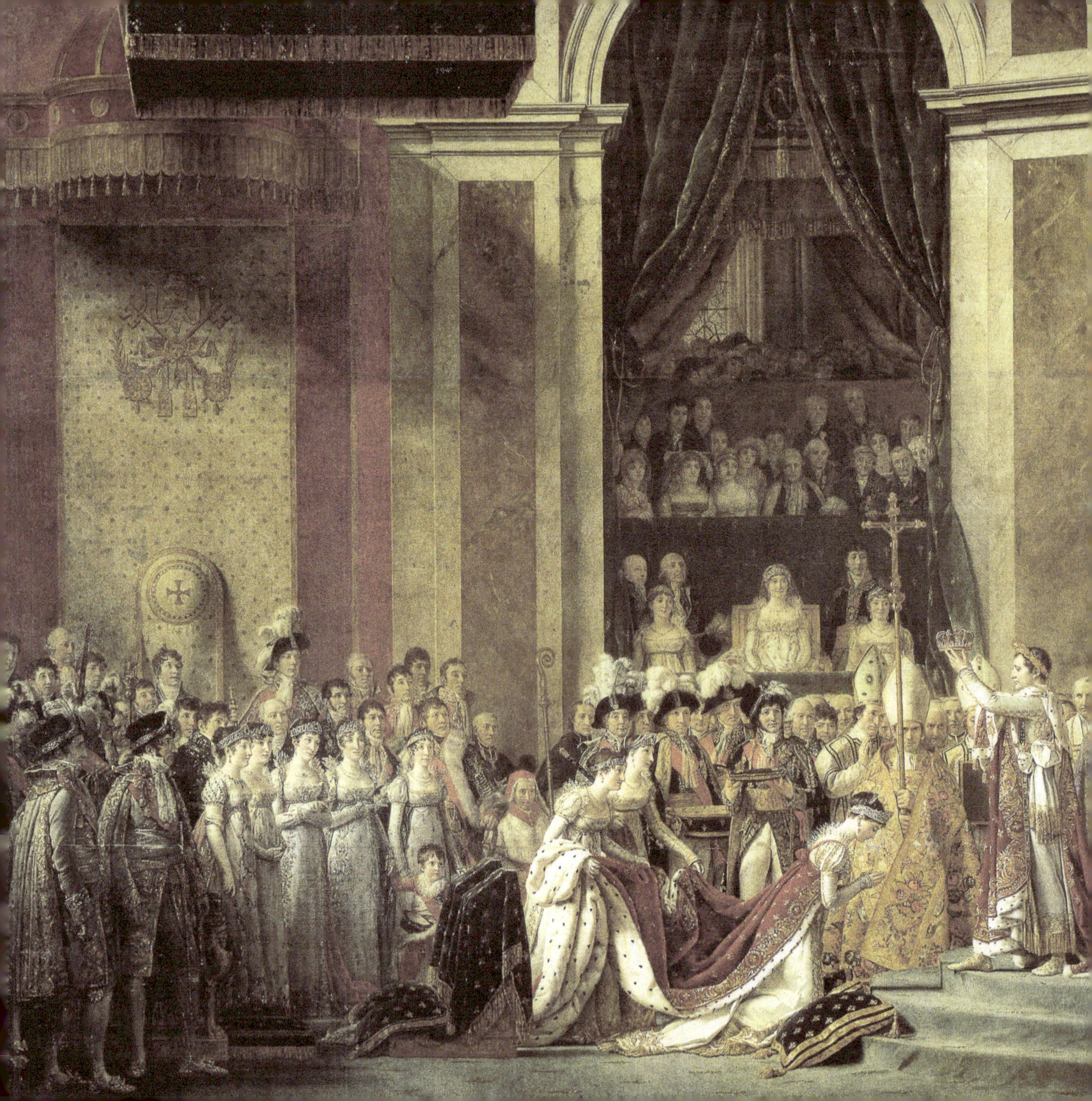

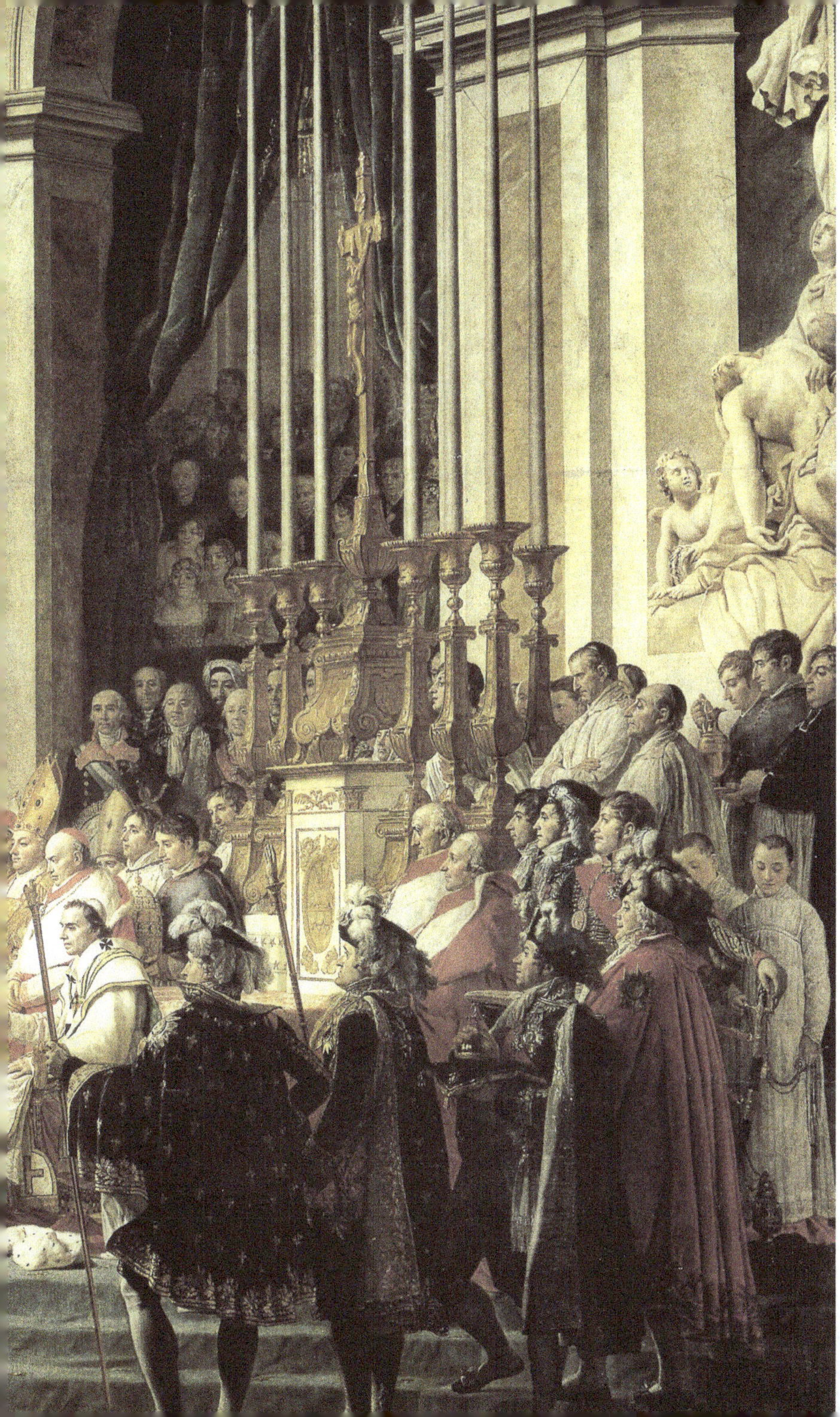

páginas anteriores:
Consagração do Imperador Napoleão I e Coroação da Imperatriz Josephine.
Jacques-Louis David, 1805-1807.

Emperor Napoleon I and Coronation of the Empress Josephine). Após a revolução, David foi nomeado por Napoleão pintor oficial da Corte e realizou para seu "mecenas"** essa grandiosa obra, que demonstra todo o poder, a riqueza e a exuberância da Corte desse imperador. É interessante observar que David havia sido favorável à decapitação de Luís XVI, mas passou a pertencer, no governo de Napoleão, ao círculo da nobreza.

Essa obra de grande porte, ricamente ornamentada e com um número imenso de personagens, demonstra uma mudança no estilo do artista, não somente pelo uso de cores mais suaves, mas, principalmente, pela nova temática. Observamos nobreza e clero reunidos, e uma luz incidindo sobre os personagens mais nobres, ou mais importantes. A presença clássica ainda se dá por meio das construções e esculturas que remetem à Antiguidade.

Ao trabalhar com a leitura das imagens, é importante atentar para esses pequenos detalhes e trabalhar com a simbologia, pois muitos objetos ou cores não aparecem por acaso e podem determinar um caminho inicial para decifrar a mensagem da obra.

Principais pontos sobre o Neoclassicismo

Destacamos, a seguir, as principais características da arte neoclássica:
~ reação ao despreocupado e frívolo estilo rococó;
~ ordem, clareza e racionalidade;
~ pintura histórica de grandes dimensões;
~ habilidade técnica;
~ pureza das linhas;
~ supremacia do desenho;
~ emotividade contida;
~ busca de uma beleza estatuária;
~ estudo por meio do esboço.

Outros artistas de destaque que viveram no período são:
- Jean-Auguste-Dominique Ingres (1780-1867);
- Aristide Maillol (1861-1944).

Síntese

A arte neoclássica teve grande inspiração nas obras da Antiguidade Clássica e, na figura de Jacques-Louis David, obteve sua maior expressão. Procurou inspirar-se nos antigos, mas também superá-los em técnica e qualidade. A imitação não era vista de maneira pejorativa, mas um meio de estudo para aprimorar as técnicas do artista e torná-lo autônomo em suas escolhas, sempre, porém, depois de muito estudo e dedicação.

Indicações culturais

Livro

ELIAS, N. **A sociedade de Corte**: investigação sobre a sociologia da realeza e da aristocracia de Corte. Rio de Janeiro: Jorge Zahar, 2001.

Sites

SITE OFFICIEL DU MUSÉE DU LOUVRE. Disponível em: <http://www.louvre.fr/llv/commun/home.jsp>. Acesso em: 24 fev. 2007.

WEB GALLERY OF ART. Disponível em: <http://www.wga.hu/index.html>. Acesso em: 21 fev. 2007.

HISTORIANET. A nossa história. Disponível em: <http://www.historianet.com.br/conteudo/default.aspx?codigo=651>. Acesso em: 24 fev. 2007.

A ARTE NEOCLÁSSICA OU ACADÊMICA. Disponível em: <http://www.sul-sc.com.br/afolha/pag/artes/neoclassico.htm>. Acesso em: 12 mar. 2008.

Filmes

BARRY Lyndon. Direção: Stanley Kubrick. EUA: 1975.

O INSOLENTE. Direção: Edouard Molinaro. França: 1996.

O PATRIOTA. Direção: Roland Emmerich. EUA: 2000.

> *O livro sugerido contextualiza a vida na Corte francesa, permitindo conhecer os costumes e cerimoniais vividos pela aristocracia. Os sites apresentam imagens e conceitos teóricos sobre o Neoclassicismo. Os filmes contextualizam aspectos históricos e culturais do período estudado.*

Capítulo 4

Impressionismo e Pós-Impressionismo

* Termo usado para as artes do início do século XX, consideradas à frente de seu tempo. (CHILVERS, 1996)

Os conteúdos do Impressionismo e do Pós-Impressionismo foram escolhidos devido ao grande interesse que despertam nos alunos. Esses dois estilos se desenvolveram na Europa no final do século XIX e apresentaram uma proposta diferente das manifestações vistas nos períodos anteriores.

As características dos artistas impressionistas e pós-impressionistas variam bastante. Apesar da importância dos efeitos da luz, cada um pôde desenvolver seu trabalho e sua pesquisa com características próprias. Essa maior liberdade prenunciou a grande mudança que a arte sofreria a partir do século XX. Os impressionistas concentravam-se na luz, os pós-impressionistas, nas emoções que ela lhes causava. Mas, ainda assim, não é possível generalizar. Cada artista, com sua pesquisa e sua individualidade, abriu caminho para a arte de vanguarda*.

à direita:
Impressão, Sol Nascente.
Claude Monet, 1872.

4.1 O movimento da luz*

A proposta da maioria dos impressionistas era a pintura ao ar livre, o que auxiliou na mudança das técnicas de pintura. Além disso, esses artistas deixaram de lado os grandes temas e passaram a pintar motivos como a chuva, uma tempestade de neve ou simplesmente os efeitos da variação da luz sobre a paisagem.

Dois fatos importantes ajudaram os impressionistas a mudar a maneira de trabalhar: a fotografia e o acesso às gravuras japonesas. A fotografia, com sua representação exata da realidade, fez com que os integrantes do movimento deixassem de se sentir responsáveis por representar algo que uma foto poderia fazer com a mesma qualidade ou até melhor. Assim, passaram a se permitir novas experiências, mais inovadoras e mais gratificantes. Já as gravuras japonesas permitiram-lhes conhecer ângulos e enquadramentos muito diferentes dos usados até então na arte convencional europeia. Inovar e experimentar passou a fazer parte das medidas adotadas pelos impressionistas.

Com base nessas novas propostas, muitos dos artistas desse período passaram a aplicar a tinta diretamente na tela, sem misturá-las na paleta, pois a agilidade era importante para que captassem a variação e o movimento da luz. Na arte impressionista, então, as formas se dissolvem na tela, os contornos são abolidos e as figuras se misturam umas às outras. Observar uma obra impressionista requer certo distanciamento. Caso contrário, as formas podem não ser reconhecidas. Os detalhes e o cuidado na representação que predominavam até então abriram caminho para uma forma de arte mais livre e despreocupada com os padrões, mais interessada no efeito final da obra.

É importante ainda ressaltar que, nesse momento, os artistas não tinham a preocupação de educar o povo ou de transmitir uma educação moral por meio da arte. Preocupavam-se com a obra e com a experiência que a luz poderia proporcionar tanto em uma cena cotidiana quanto em uma paisagem.

* Seção baseada em GOMBRICH, 2002, p. 319, 514-533.

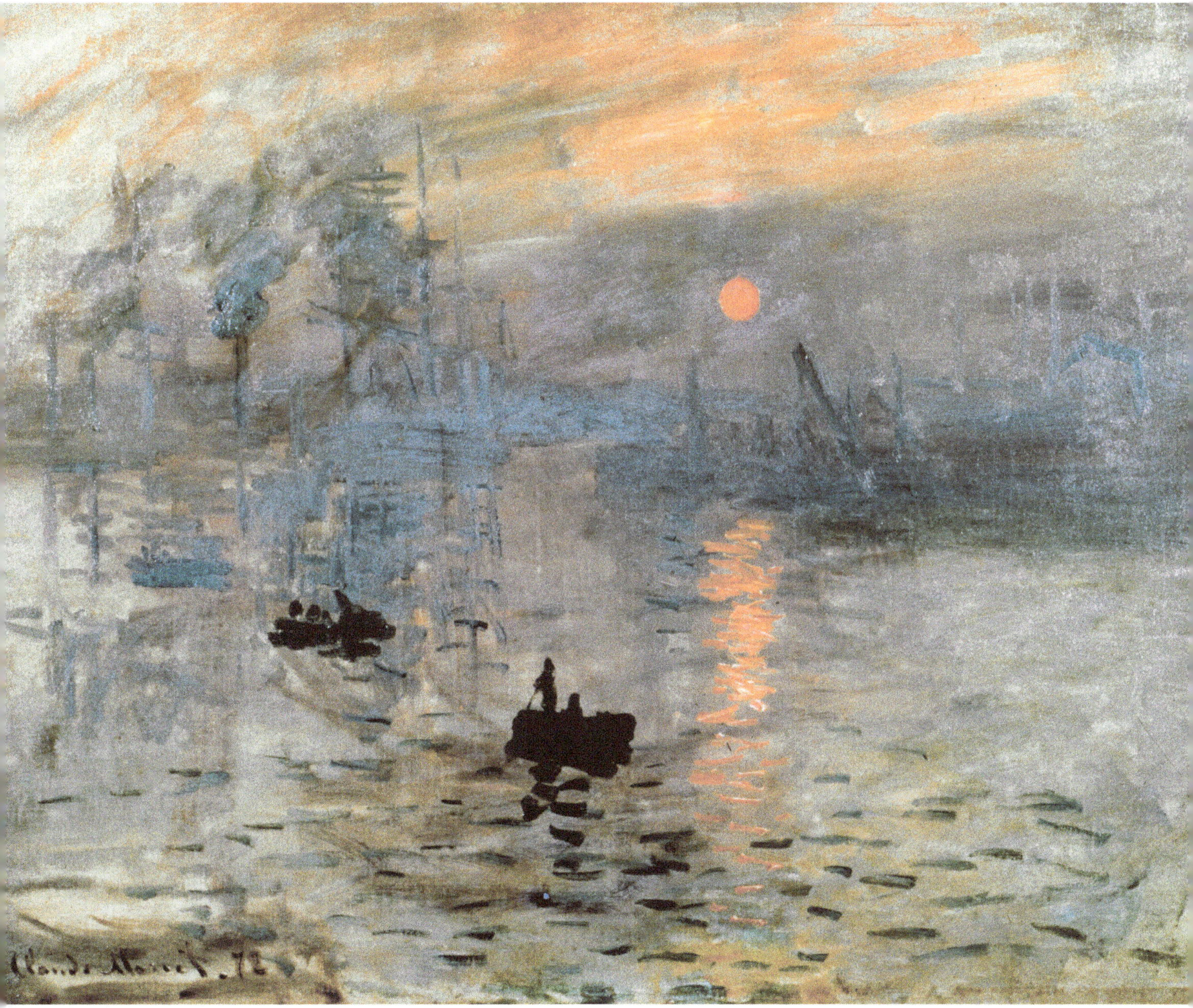
Claude Monet. 72

à direita:
Nenúfares Aquáticos.
Claude Monet,
1916-1923.

Todas essas informações precisam ser passadas aos alunos para que eles tenham condições de analisar adequadamente as obras e perceber as diferenças entre elas, pois, embora sejam classificadas dentro de um mesmo estilo, apresentam características próprias. Além disso, como as obras impressionistas não têm um único tema, a sua leitura deve ser feita de forma diferente que a dos estilos anteriores. Aqui a proposta é observar os efeitos de luz conseguidos pelo artista no motivo escolhido para seu trabalho.

Abordaremos a seguir o trabalho de alguns dos nomes do Impressionismo, como Claude Monet, Pierre-Auguste Renoir e Edgar Degas.

Claude Monet* (1840-1926) trabalhou incansavelmente com as paisagens, em séries de pinturas com o mesmo motivo em que procurava retratar os efeitos da luz em diferentes horários do dia. Temos como exemplo disso a série sobre a Catedral de Rouen e sobre os nenúfares aquáticos.

Na série *Catedral de Rouen* (representada aqui por *Rouen Cathedral, Midday, Evening, Full Sunlight*), Monet procurou demonstrar os efeitos da variação da luz. Realizou uma sequência com mais de trinta telas, nas quais é possível observar a ausência de contornos e um fundo esfumaçado que dissolve a figura.

A princípio, usava uma técnica de pintura na qual dava batidas com o pincel na tela, criando efeitos manchados e fazendo com que a sobreposição das cores criasse a ilusão de outra cor. Com o tempo, alongou a pincelada, como pode ser observado na série de pinturas *Nenúfares Aquáticos* (*Water-Lilies*).**

Um fato curioso da vida desse artista é que foi uma de suas obras, intitulada *Impressão, Sol Nascente* (*Impression Soleil Levant*), que deu nome a esse estilo de que é um dos principais representantes. Um crítico viu o quadro numa exposição e fez comentários jocosos sobre ele e, a partir daí, começou a chamar o grupo de *impressionista*. Monet pintou durante toda a vida, mesmo após ter tido um problema que limitou sua visão, apresentando cada vez mais a tendência de deixar as imagens pouco nítidas.

* Baseado em CHILVERS, 1996, p. 357.

** Baseado em STRICKLAND, 2002, p. 103.

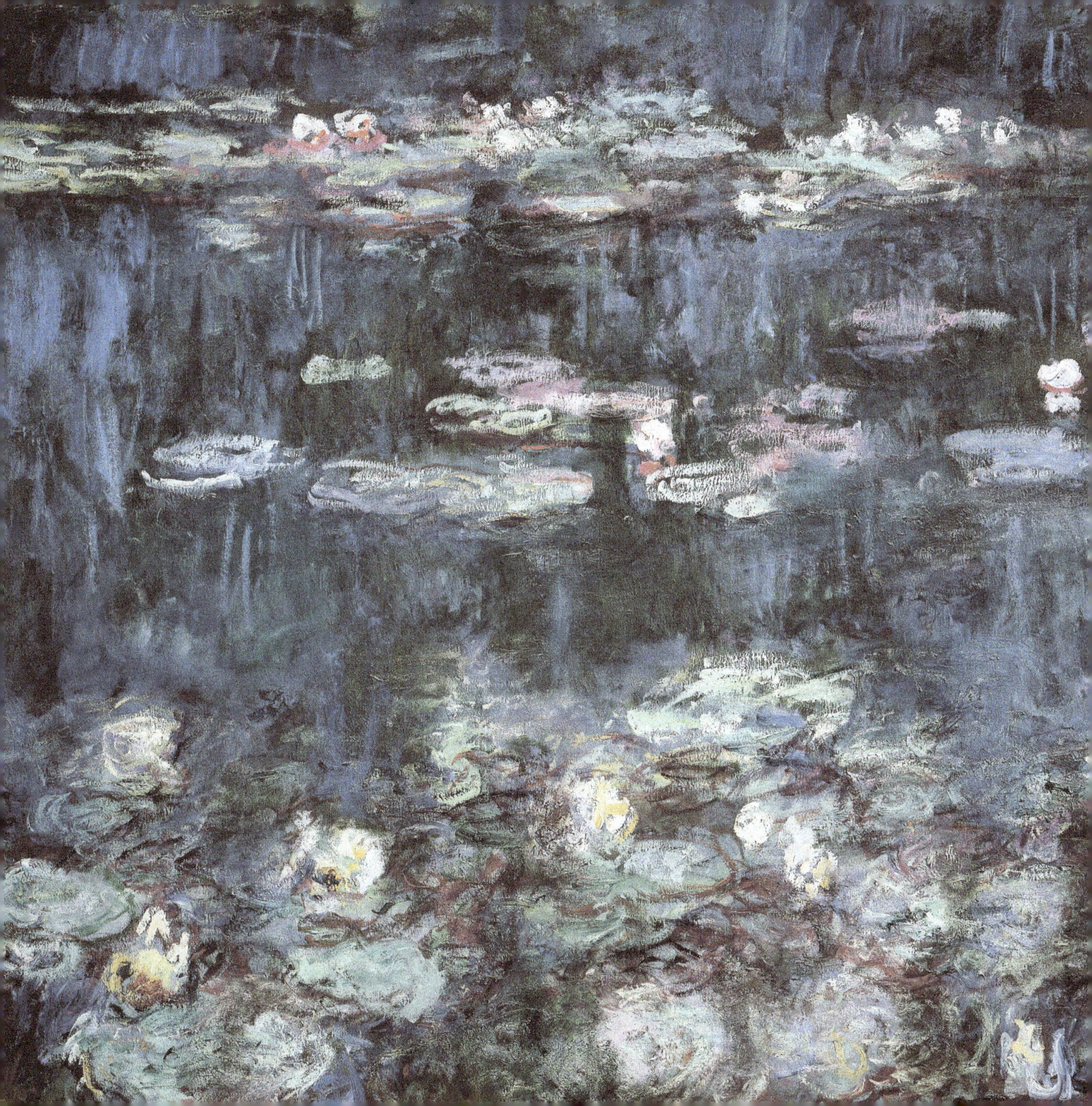

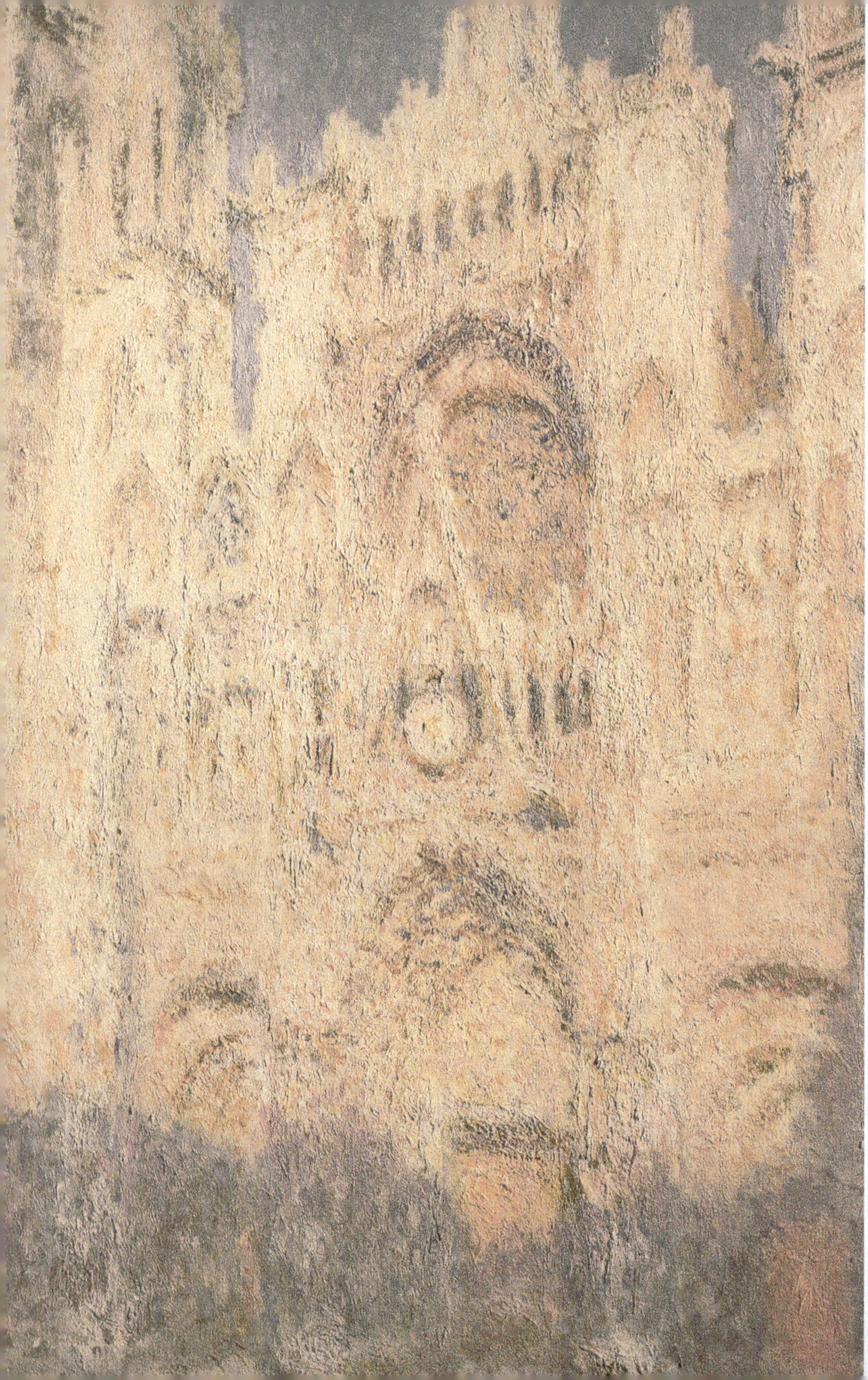
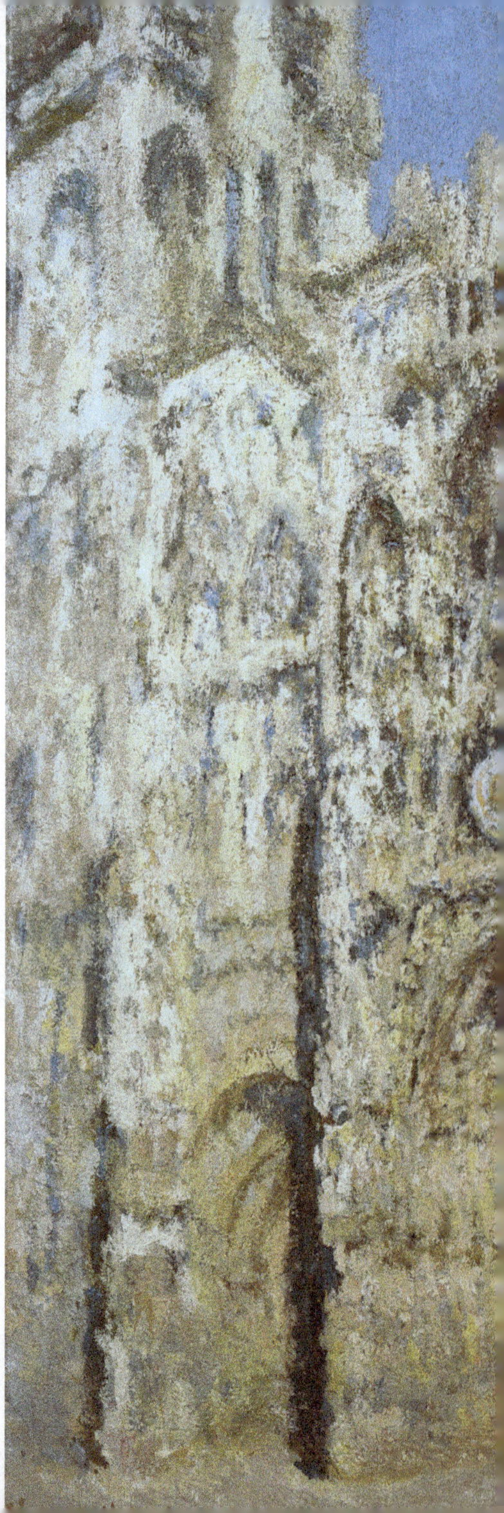

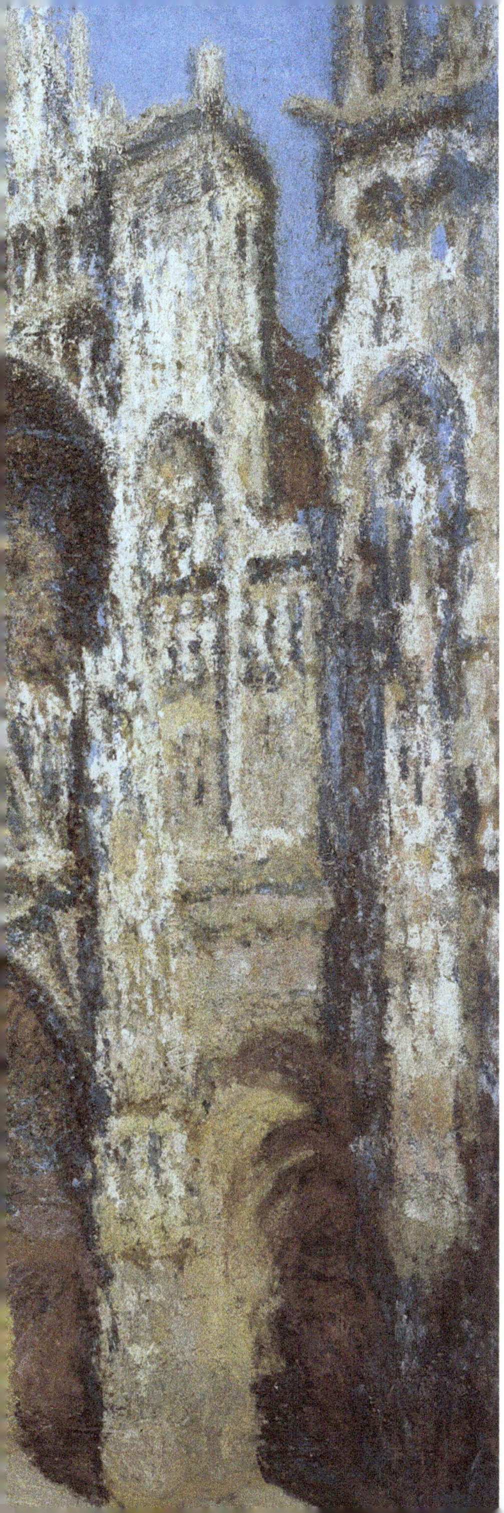

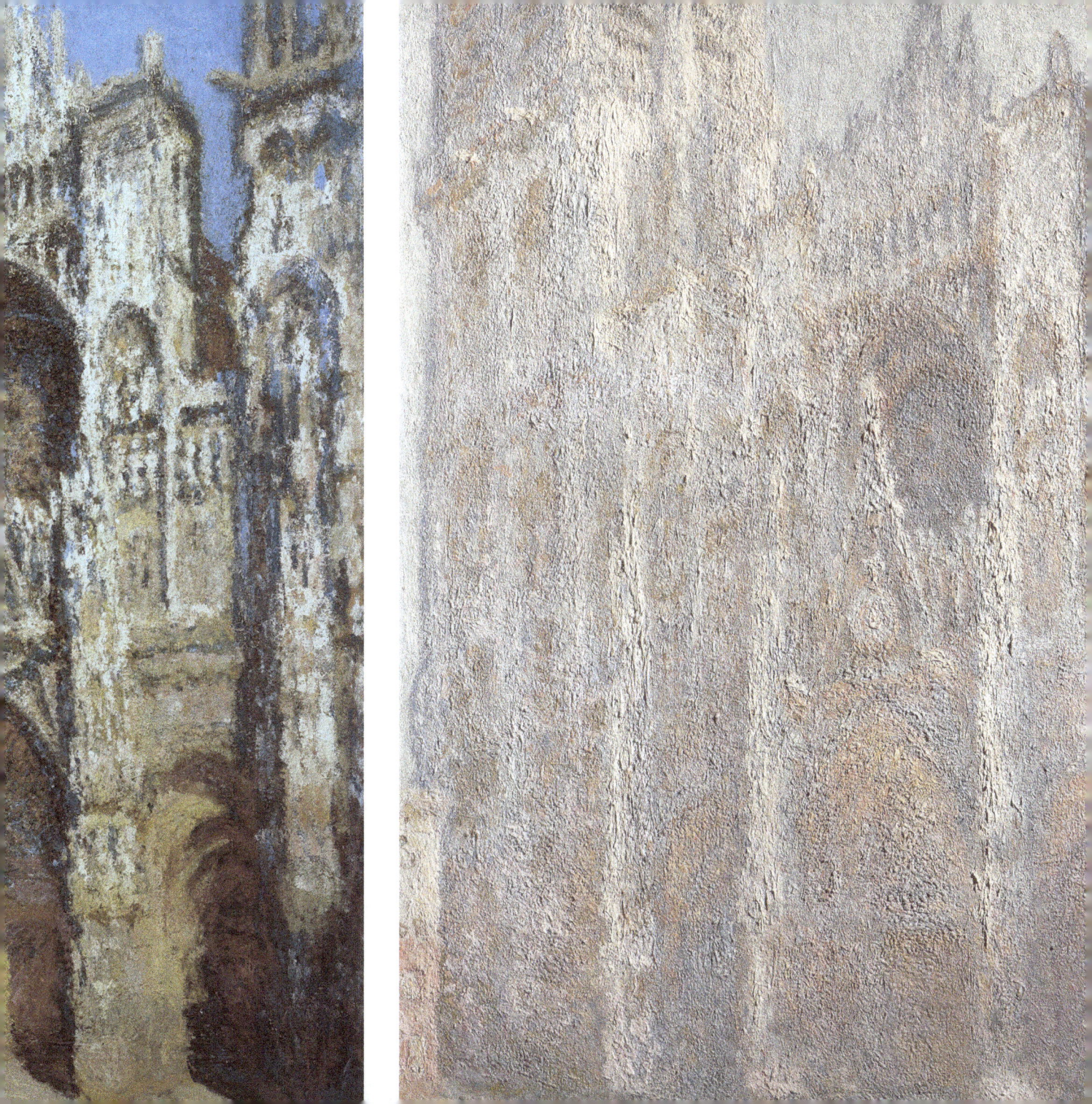

páginas anteriores:
Catedral de Rouen, Meio-Dia.
Claude Monet, 1894.

Catedral de Rouen, Entardecer.
Claude Monet, 1894.

Catedral de Rouen, Sol Pleno.
Claude Monet, 1893.

à direita:
No Terraço.
Pierre-Auguste Renoir, 1881.

* Baseado em CHILVERS, 1996, p. 445.

** Baseado em STRICKLAND, 2002, p. 106.

Pierre-Auguste Renoir* (1841-1919) começou seus trabalhos como pintor de porcelana em uma fábrica, o que influenciou sua maneira de pintar e a sua escolha por cores mais claras e vibrantes. Seus motivos preferidos eram os nus femininos, os cafés, as crianças e as flores, que pintava impregnados de um colorido intenso, como pode ser observado na obra *No Terraço* (*Two Sisters – On the Terrace*).

Os quadros de Renoir transmitem uma alegria imensa. Um exemplo disso é a obra *Baile do Moulin de la Galette* (*Bal du Moulin de la Galette*). Ele não usava o preto, substituindo-o pelos tons escuros do azul. O vermelho é uma cor que costuma aparecer com frequência em suas obras, principalmente nos nus femininos e em detalhes, como se percebe nessa obra. Se for observada com cuidado, é fácil notar que os rostos não são bem definidos – apenas breves pinceladas conseguem os efeitos dos olhos, da boca etc. Vê-se ainda que os contornos dos personagens são definidos pelos contrastes das cores, mescladas em tonalidades por vezes mais fortes, por vezes mais escuras, e não por um traço marcado do pincel. Além disso, o artista parece ter retratado um instante, flagrado a alegria de um momento.

Outra inovação na obra de Renoir é o fato de pintar figuras femininas se banhando, mas como se não soubessem estar sendo observadas, em poses que não eram comuns nas obras de outros artistas.

Edgar Degas** (1834-1917), diferentemente dos outros impressionistas, não pintava ao ar livre e dava preferência a motivos ligados a cenas de cafés, corridas de cavalos, banhistas nuas, bailarinas, sem o menor interesse pelos efeitos da luz sobre a natureza. No final de sua carreira, privilegiou os nus femininos no banho, o circo e as lavadeiras.

Sob influência das gravuras japonesas, pintava cenas nas quais as figuras se concentravam na lateral da tela, muito frequentemente cortadas pela moldura. Como uma fotografia tirada de repente, captava cenas inesperadas, como se vê

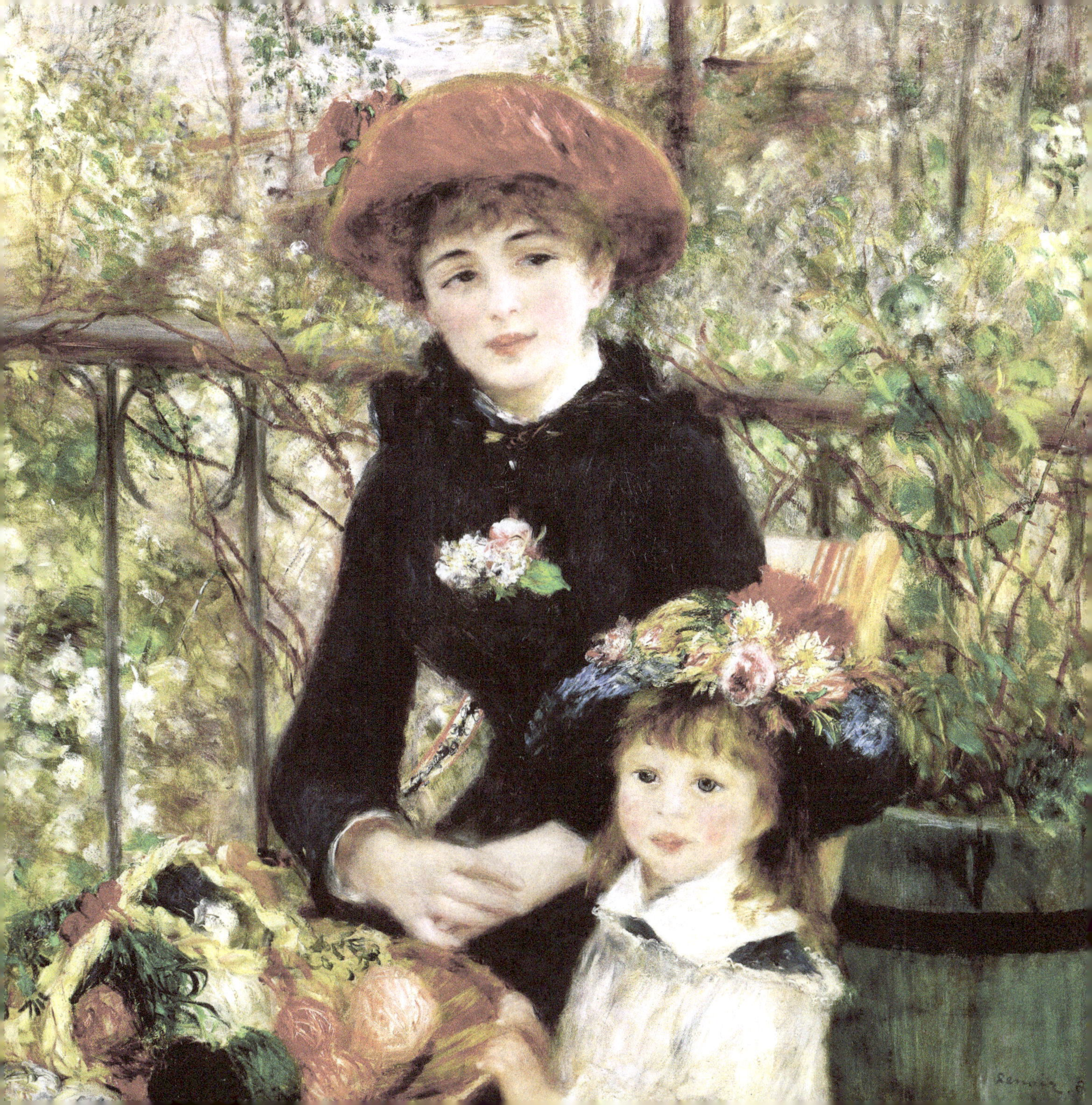

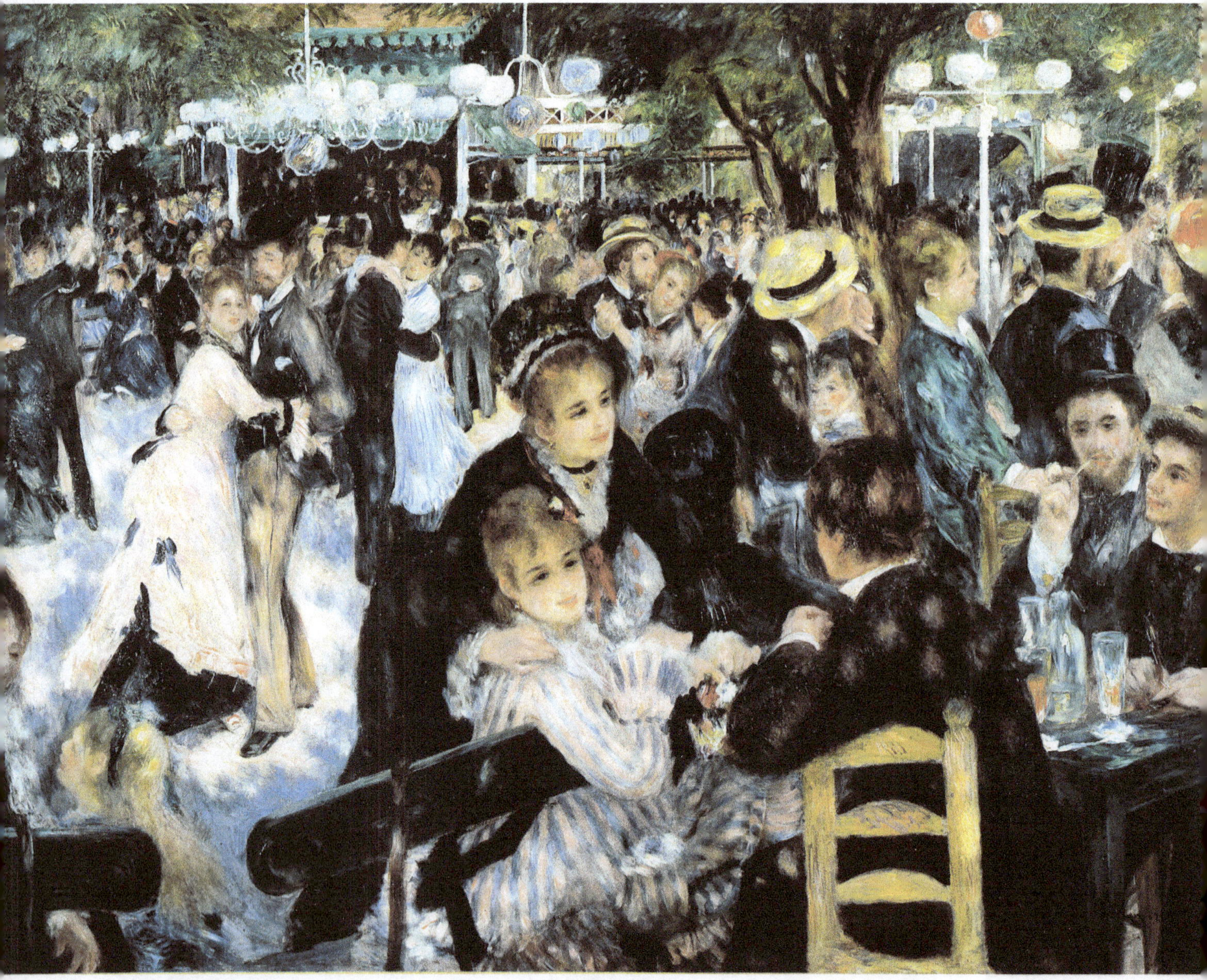

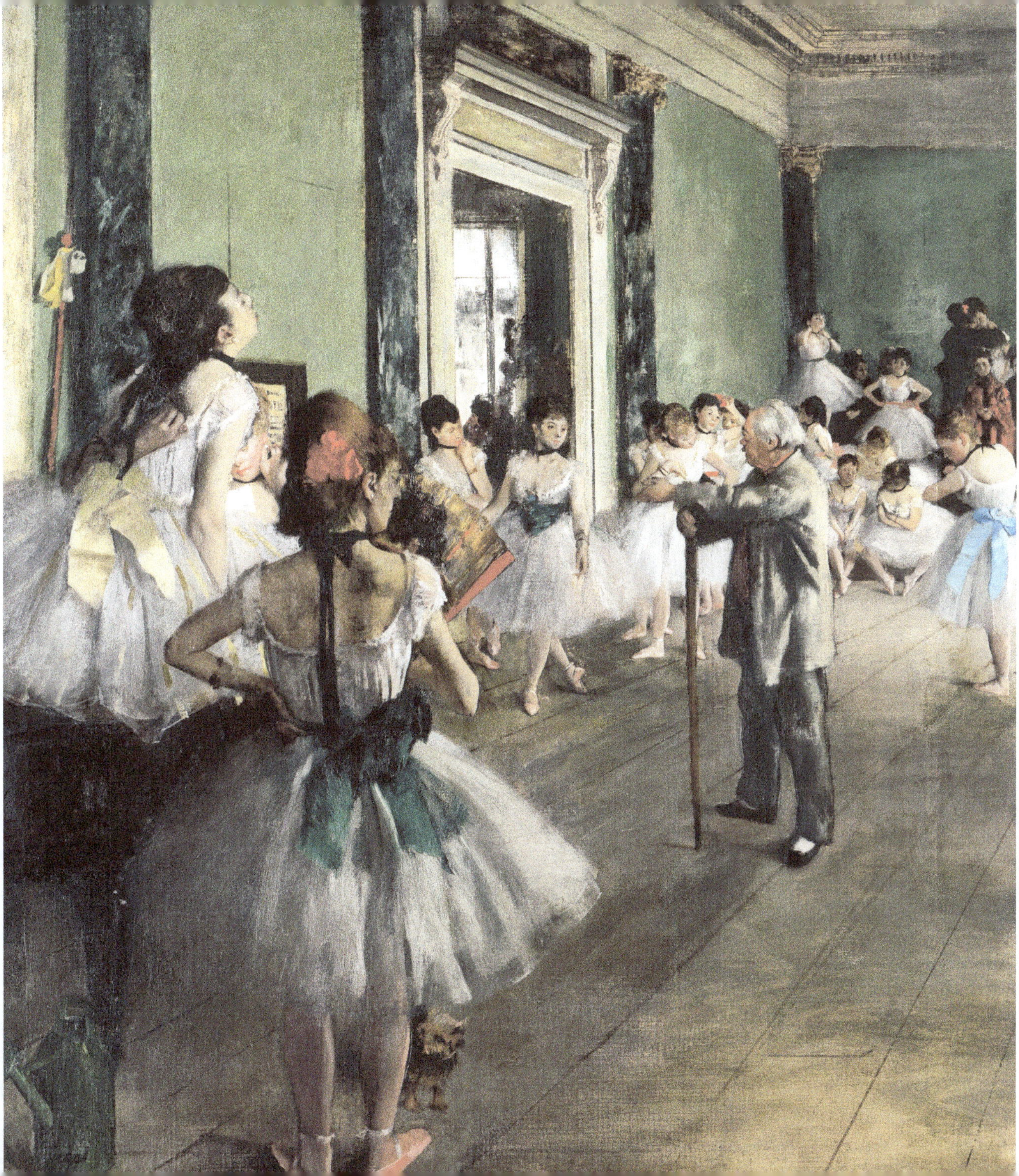

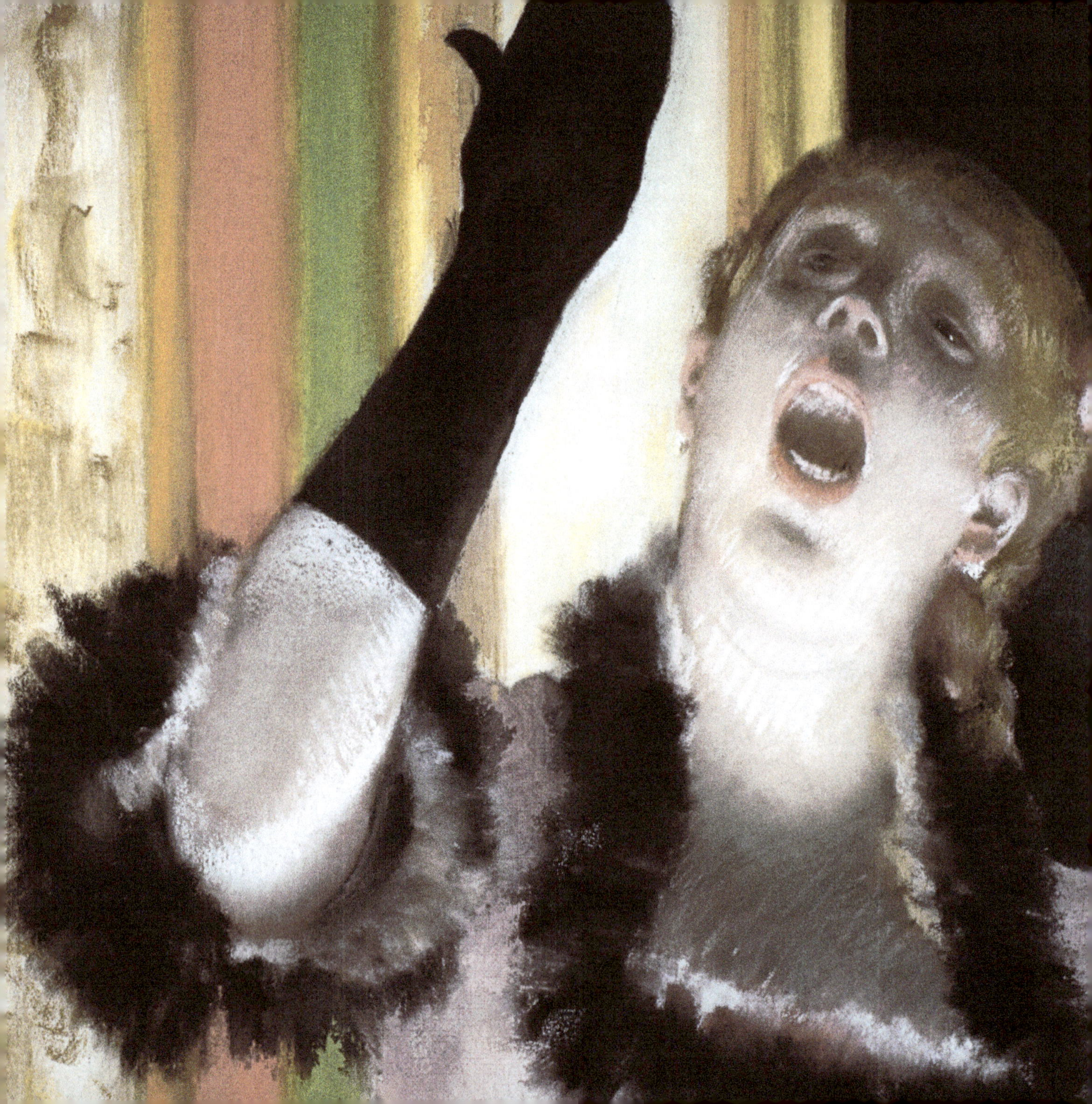

nas obras *A Aula de Dança (La Classe de Danse)* e *Cantora com Luva (Singer with a Glove)*.

Como vimos nesta breve análise, a arte impressionista apresentava-se de maneira diversificada, conforme o artista em questão, um sinal de novos tempos para a história da arte.

Principais pontos sobre o Impressionismo

Destacamos, a seguir, as características dos principais nomes da arte impressionista:
~ Monet: efeitos de luz;
~ Renoir: colorido e alegria;
~ Degas: cenas espontâneas.

Outros artistas de destaque que viveram no período são:
~ Édouard Manet (1832-1883);
~ Auguste Rodin (1840-1917);
~ Jean-Baptiste-Camille Corot (1796-1875);
~ Camille Pissarro (1830-1903);
~ Alfred Sisley (1839-1899);
~ Mary Cassatt (1844-1926).

4.2 Pós-Impressionismo: explosão de cor e emoção

Os artistas pós-impressionistas mais conhecidos, Cézanne, Gauguin e Van Gogh, embora simpatizantes dos impressionistas, reagiram à ideia de "pintar o momento" e passaram a realizar um trabalho mais voltado a questões que inquietavam cada um deles. Assim, é mais fácil analisá-los separadamente, por meio de suas obras.

As telas de Paul Cézanne* (1839-1906) tinham como principal característica a geometrização das figuras, fruto da sua pesquisa para simplificar os objetos e torná-los o mais próximos possível da imagem de cones, cilindros e cubos. Suas

páginas anteriores:
Baile do Moulin de la Galette. Pierre-Auguste Renoir, 1876.

A Aula de Dança. Edgar Degas, 1871-1874.

à esquerda:
Cantora com Luva. Edgar Degas, 1878.

* Baseado em STRICKLAND, 2002, p. 116-117.

cores eram mais parecidas com manchas chapadas, sem efeito de degradê, e utilizava tons contrastantes para realçar suas pinturas. Seus temas favoritos eram as naturezas-mortas, as paisagens do Monte Saint-Victorie e as banhistas, todos com angulações geométricas. Seu temperamento introspectivo fazia com que se mantivesse isolado dos demais artistas. Seu método de trabalho era lento, pois tinha extremo cuidado com sua pesquisa e suas novas formas de pintar.

No trabalho *As Grandes Banhistas* (*The Large Bathers*), podemos observar que as banhistas parecem estar dispostas dentro de um grande triângulo (composição piramidal). Não existe grande variação de cores e os contornos são marcados. As mulheres podem ser analisadas em pequenos grupos, nos quais cada uma desenvolve uma atividade diferente, sem muita interligação. Chama a atenção a atitude corporal da figura à esquerda, apoiada na árvore, que parece observar a cena que se passa no centro da tela, enquanto, do lado oposto, duas outras figuras demonstram o mesmo interesse. Talvez os principais personagens da obra sejam exatamente as duas minúsculas figuras que aparecem num plano distante, outra inovação de Cézanne, uma vez que, até então, as figuras centrais normalmente apareciam em primeiro plano, em destaque.

De acordo com Argan (1992, p. 130-134), Paul Gauguin (1848-1903) era um artista preocupado em buscar as sensações mais simples que a vida podia lhe dar. Sua arte buscava essa simplicidade e o primitivismo de povos que não haviam sido transformados pela cultura europeia e ainda carregavam sua essência. Assim como os impressionistas, que buscaram sua inspiração na natureza, Gauguin também foi buscar um lugar em que pudesse se sentir pleno. E o encontrou, nas ilhas do Taiti.

Gauguin se identificou com a vida simples dos habitantes das ilhas e passou a pintar diversas cenas da vida cotidiana daquele povo, sempre usando a cor de

à direita:
As Grandes Banhistas.
Paul Cézanne,
1899-1900.

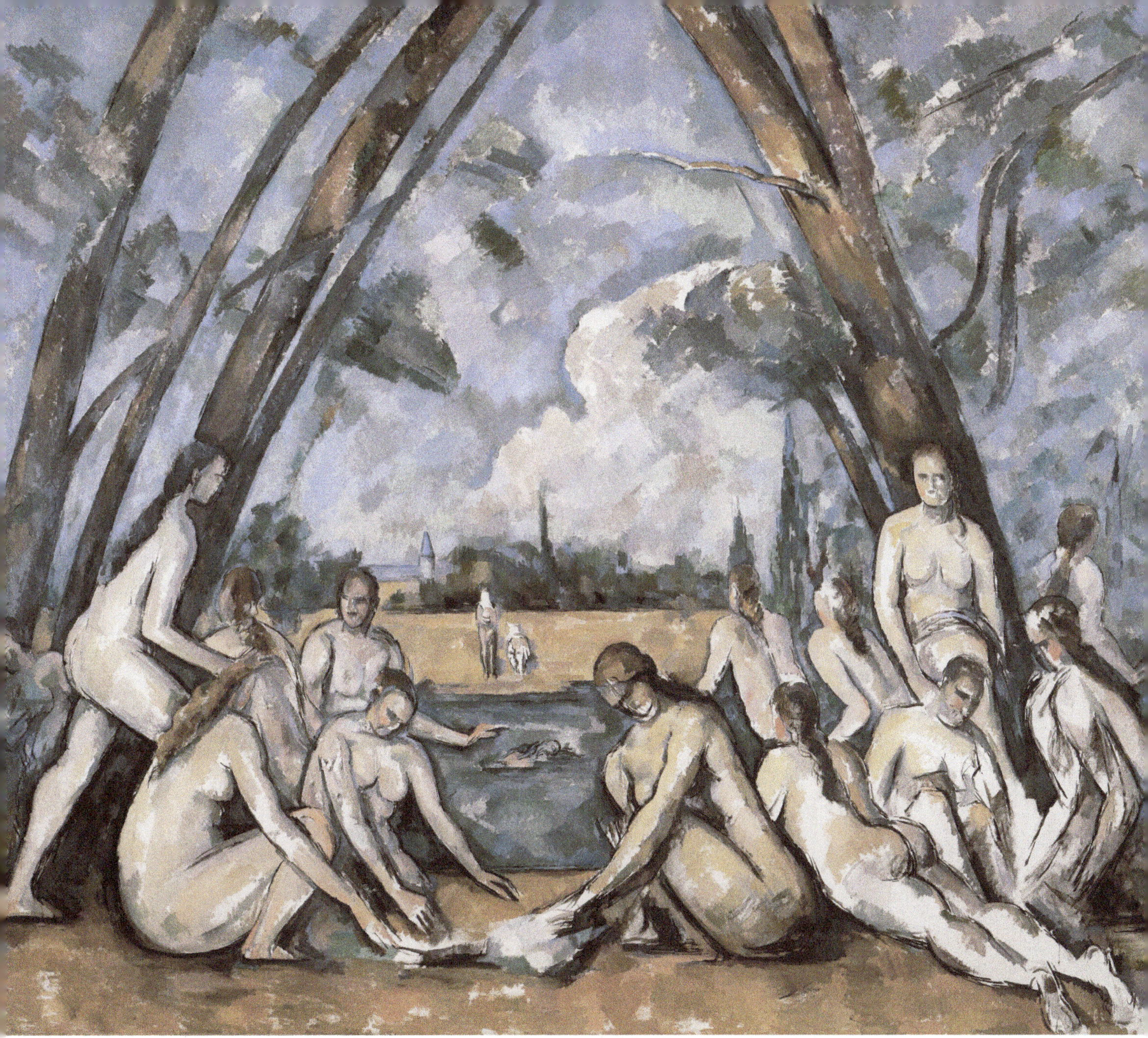

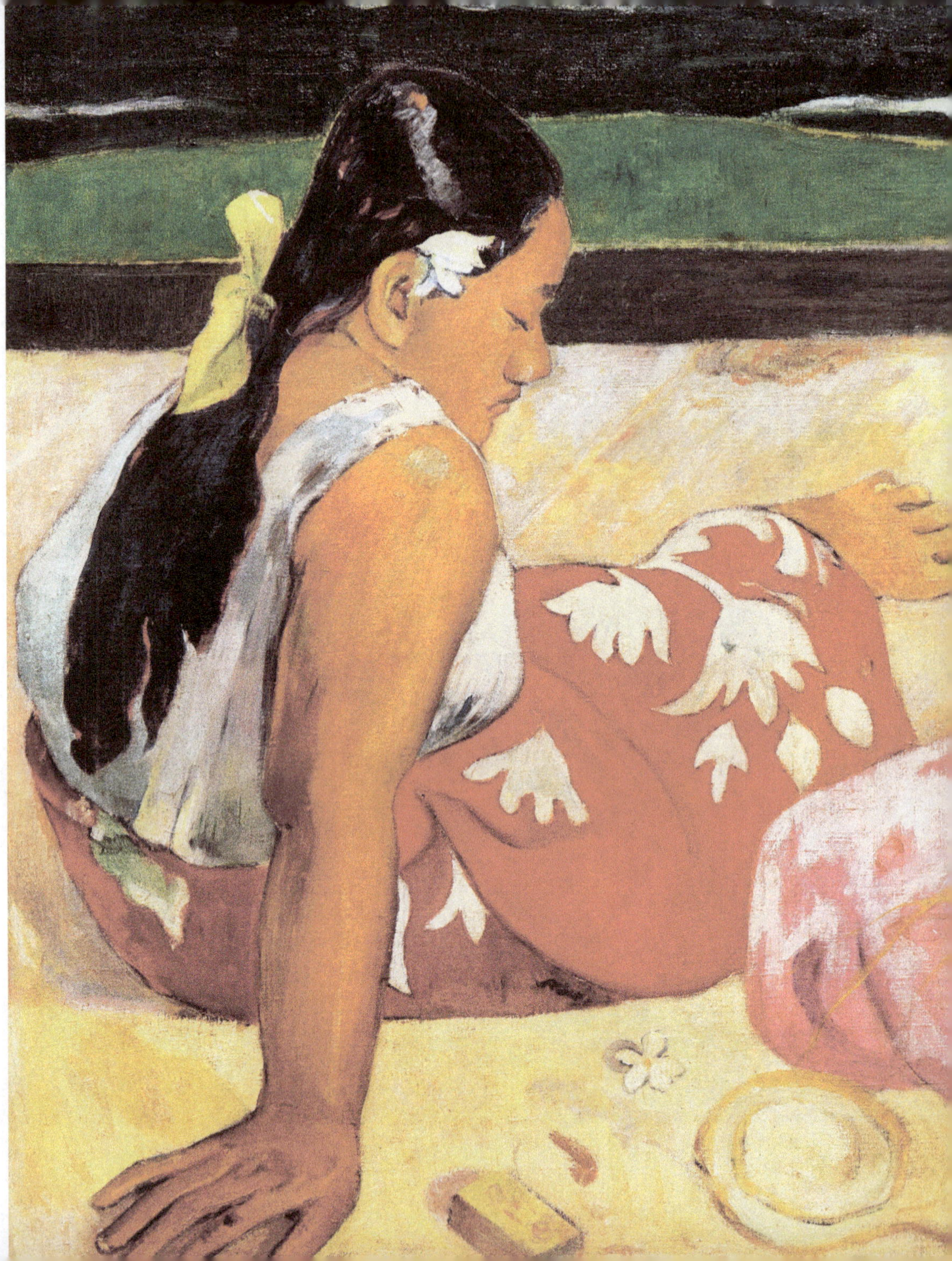

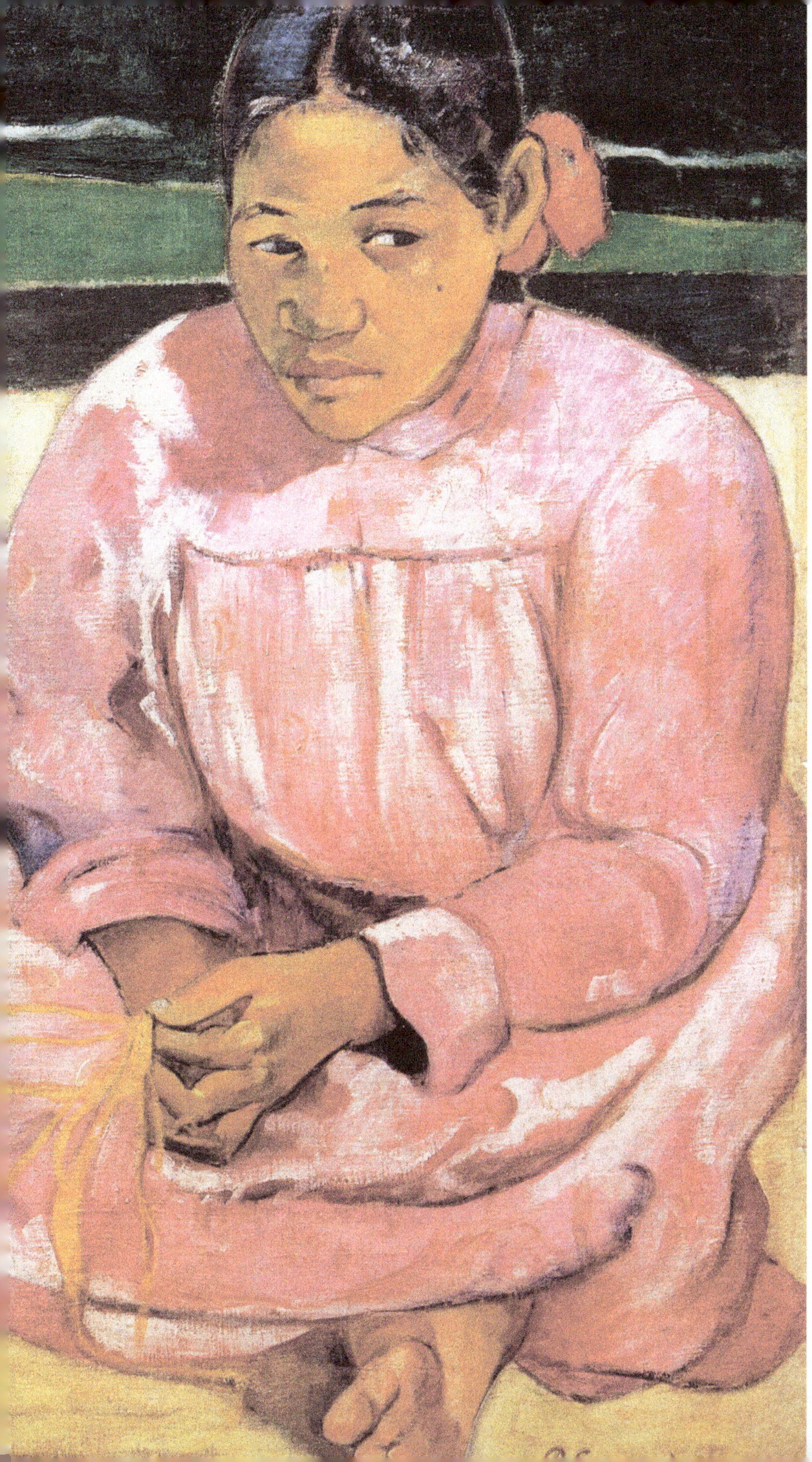

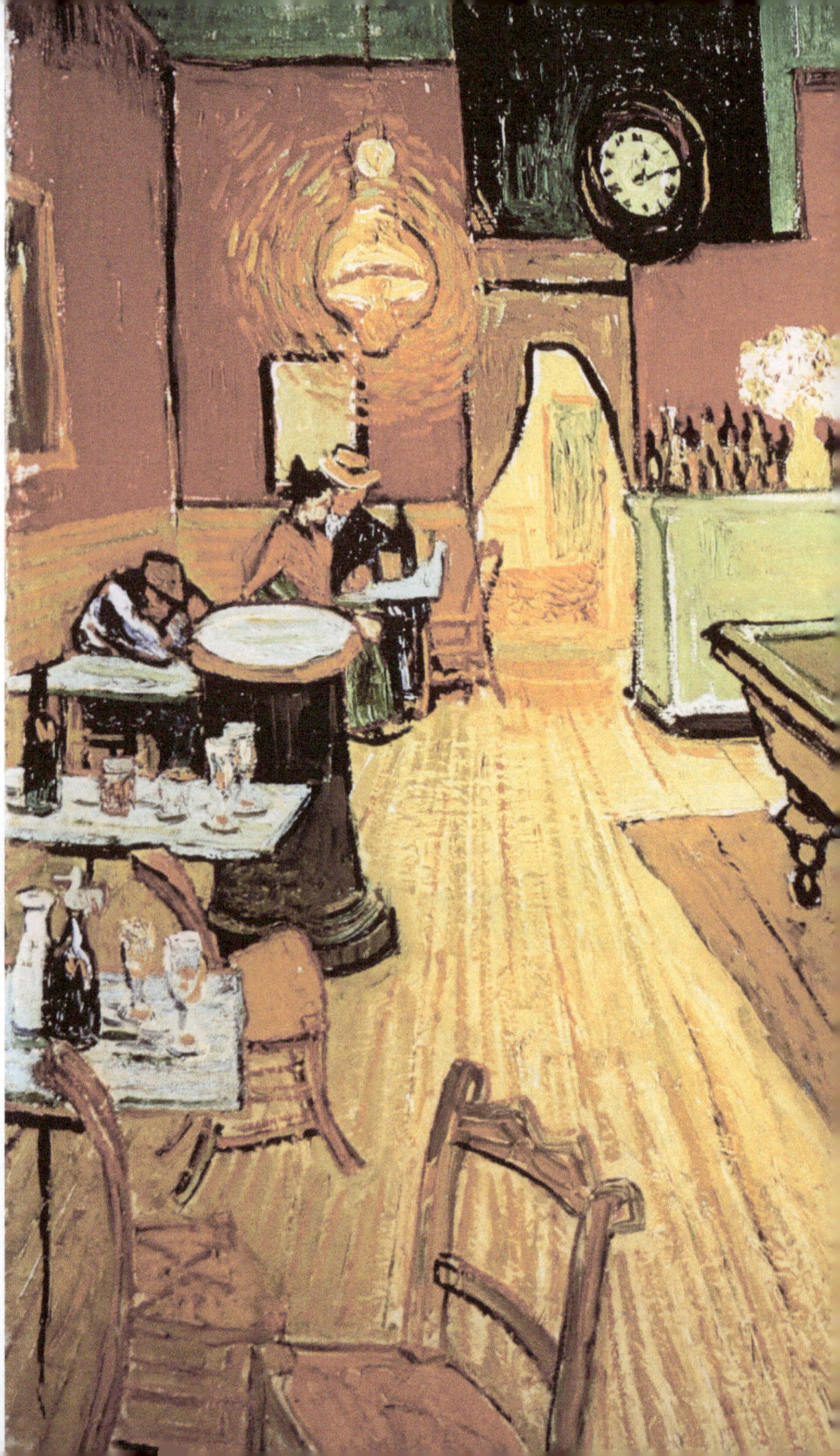

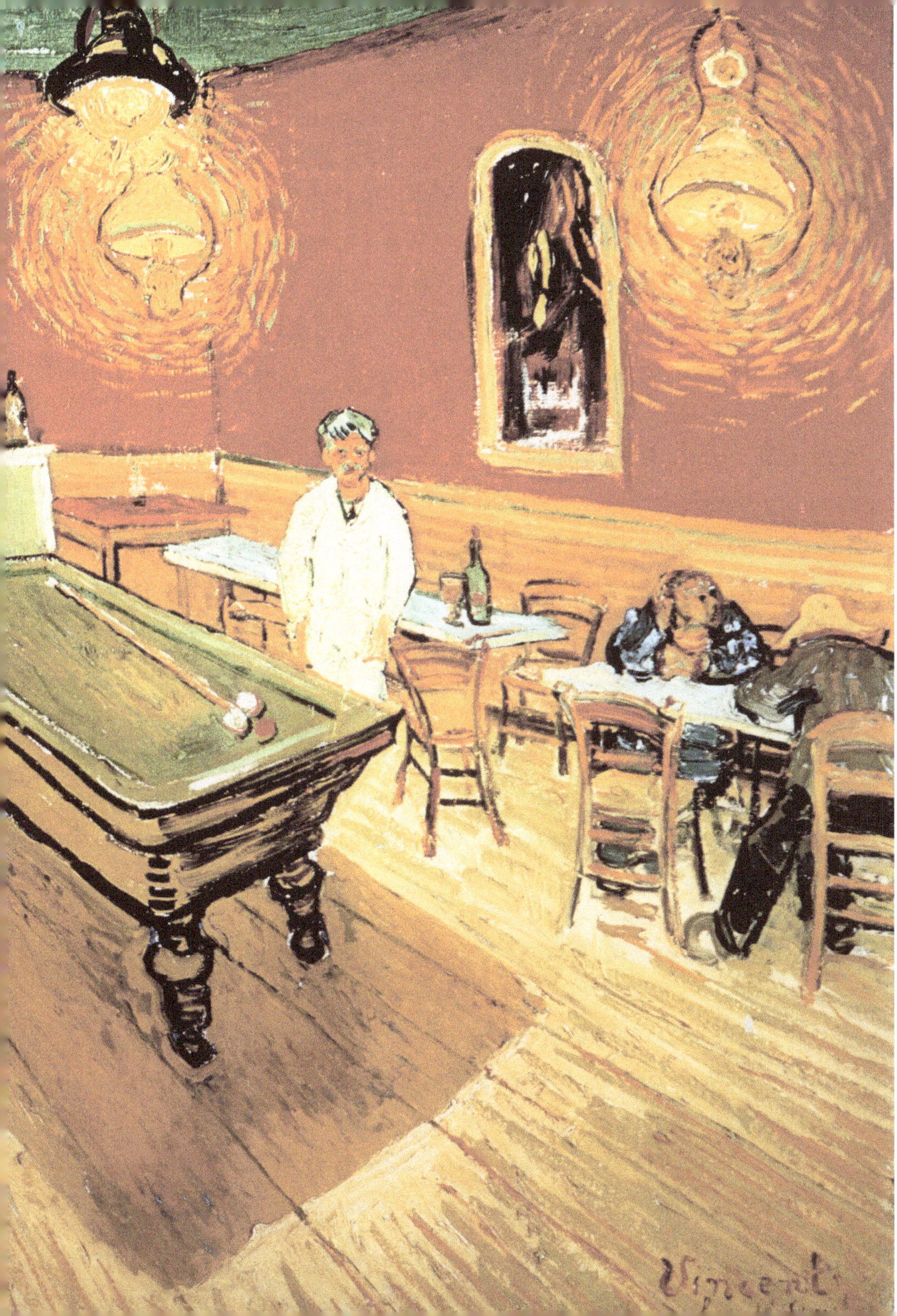
Vincent

forma simbólica, para expressar sentimentos, e buscando em temas consagrados, por vezes até religiosos, inspiração para pintar as pessoas locais.

Na obra *Mulheres do Taiti na Praia* (*Femmes de Tahiti*) podem ser notadas as características básicas desse artista. O uso da cor é o que mais chama a atenção, e percebe-se que a perspectiva não é uma preocupação central. Os planos estão muito próximos e as cores são mais chapadas. É uma cena cotidiana, de duas mulheres na praia. A mais jovem está vestida de vermelho, e as roupas da mais velha têm uma tonalidade mais apagada.

Segundo Argan (1992, p. 123-127), se Gauguin não obteve sucesso em sua carreira artística, mas soube encontrar a felicidade apesar disso, para Vincent van Gogh (1853-1890), a falta de reconhecimento deixava-o sempre inquieto e desconsolado, levando-o a questionar-se constantemente sobre sua vida e seu trabalho. Suas obras expressam sua angústia e seu estado de ânimo. Ele abusava do uso de cores complementares e de pinceladas agitadas que bem demonstram os estados de sua alma. Por meio da pintura e das cartas que escrevia ao seu irmão Theo, deixava explícito o que se passava em sua mente.

As palavras de Van Gogh em uma dessas cartas a Theo explicam melhor do que qualquer outro texto suas intenções ao pintar a obra *Café Noturno* (*The Night Cafe in the Place Lamartine in Arles*):

páginas anteriores:
Mulheres do Taiti na Praia.
Paul Gauguin,
1891.

Café Noturno.
Vincent van Gogh, 1888.

lugar onde podemos nos perder, ficar loucos, cometer crimes. [...] Procurei exprimir com o vermelho e o verde as terríveis paixões humanas. A sala é vermelho-sangue e amarelo surdo, um bilhar verde ao meio, quatro lâmpadas amarelo-limão com brilho laranja e verde. Em todos os lugares um combate e uma antítese entre os mais diversos verdes e vermelhos, nos personagens dos pequenos vadios dormindo; na sala vazia e triste, o violeta e o azul. (Carta 533) (Schmidt, 1996, p. 69)

Outras obras pictóricas de Van Gogh também podem ser mais bem compreendidas com a leitura de suas cartas ao seu irmão, pois nelas descreve em detalhes vários de seus trabalhos, bem como seu estado de espírito ao pintá-los.

Principais pontos sobre o Pós-Impressionismo

Destacamos, a seguir, as características dos principais nomes da arte pós-impressionista:
- Cézanne: formas geometrizadas;
- Gauguin: primitivismo simbólico;
- Van Gogh: sentimentos por meio das cores.

Outros artistas de destaque que viveram no período são:
- Georges Seurat (1859-1891);
- Paul Signac (1863-1935);
- Henri de Toulouse-Lautrec (1864-1901).

Síntese

O panorama artístico do final do século XIX abriu caminho para a arte de vanguarda. Cada artista que viveu nesse período já não precisava mais se limitar a padrões estabelecidos e, por meio de suas pesquisas, buscava uma identidade própria. Grandes mudanças ainda estavam por vir, principalmente com as obras de Cézanne, Gauguin e Van Gogh, que serviram de inspiração aos vanguardistas.

Indicações culturais

Livros

HODGE, S. **Claude Monet**. São Paulo: Ática, 2004. (Coleção Grandes Mestres).

SCHMIDT, J. **Vincent van Gogh:** pintor das cartas. Florianópolis: Livraria e Editora Obra Jurídica, 1996. (Coleção Biografias Insólitas, v. V).

Sites

GALLERIA D'ARTE. Disponível em: <http://www.lannaronca.it/galleria%20p.htm>. Acesso em: 28 fev. 2007.

IBIBLIO. Disponível em: <http://www.ibiblio.org/>. Acesso em: 28 fev. 2007.

MUSÉE D'ORSAY. Disponível em: <http://www.musee-orsay.fr/>. Acesso em: 28 fev. 2007.

Filmes

O CAMINHO para casa. Direção: Zhang Yimou. China: 2000.

SONHOS. Direção: Akira Kurosawa. Japão: 1990.

> *Os livros indicados ajudam a aprofundar os conhecimentos sobre a vida dos artistas. Os sites contêm imagens de obras dos artistas estudados. Os filmes, ainda que sejam pouco convencionais, dão bastante destaque para as imagens.*

Capítulo 5

Vanguardas

A ARTE DO INÍCIO DO SÉCULO XX É CHAMADA de *arte de vanguarda*, pois trouxe propostas inovadoras, à frente de seu tempo. Ela procurou se opor ao movimento impressionista, já superado pelos próprios artistas pós-impressionistas, e a toda arte acadêmica, mas aproveitou alguns elementos estéticos de artistas como Cézanne, Gauguin e Van Gogh, inovando, porém, na maneira de trabalhá-los.

O artista do começo do século XX precisava ir além das pesquisas de seus antecessores e posicionar-se contra qualquer tipo de manifestação que se relacionasse aos padrões daquela arte do passado. Dessa forma, cada grupo, dentro de suas vivências, buscava superar as ideias existentes, trazendo novas experiências e agregando, em número cada vez maior, adeptos de uma proposta que negava completamente a arte "passadista".

5.1 Expressionismo*

O Expressionismo foi uma das primeiras formas de manifestação artística que se desenvolveram no início do século XX, por volta de 1905**. Entre seus principais representantes, podemos citar os grupos Die Brücke (A Ponte), na Alemanha, e Fauves (Feras), na França, também chamado de *fauvismo* ou *fovismo*. O movimento francês era marcado por obras coloridas, com o uso de cores puras, e por uma agressividade intensa, expressa por meio de formas simplificadas, chegando à deformação das imagens. Já os artistas do movimento Die Brücke buscavam representar a emoção por meio de deformações e do uso emocional da cor. Ambos os grupos apresentavam características semelhantes e tinham em comum o desejo de contrariar toda forma de arte que até então havia sido produzida.

Uma das obras mais famosas do movimento francês é a tela intitulada *A Dança****, pintada por Henry Matisse em 1910. Segundo as palavras do próprio Matisse, sua pesquisa encontrou "para o céu um belo azul, o mais azul dos azuis (a superfície é pintada até a saturação, vale dizer, até um ponto em que finalmente emerge o azul, a ideia do azul absoluto), e o mesmo vale para o verde da terra, para o vermelhão vibrante dos corpos" (Argan, 1992, p. 259).

É possível observar, de fato, a sua preocupação com o esgotamento das cores, ainda que usadas de maneira próxima do "real": o céu é azul e a terra é representada pela intensidade do verde – em outras obras, pode-se notar que esse artista não usa a cor de maneira realista e cabe, portanto, lembrar que as obras devem ser analisadas individualmente, pois as características que valem para uma podem não servir para outras.

Nessa mesma tela, a simplificação e a deformação das linhas dão à obra um caráter inovador. As figuras dançando, num movimento possível de ser sentido, talvez expressem um sentimento de união entre a arte (a dança, a própria

---

* Seção baseada em Argan, 1992, p. 227-262.

** Não convém estabelecer datas precisas de início ou término dos movimentos, uma vez que suas manifestações podem anteceder tal data ou continuar existindo após o período demarcado.

*** Para ver essa obra, acesse o *site* do The State Hermitage Museum: <http://www.hermitagemuseum.org/html_En/08/hm88_0_2_70_1.html>.

pintura) com o universo, absolutamente simplificado nas linhas e nas cores basicamente chapadas.

Integrante do grupo Die Brücke, o norueguês Edvard Munch trouxe para sua obra uma pincelada na qual a linha e as cores expressavam, de maneira simbólica, as agitações de sua alma. Essa simbologia não representava uma fuga da realidade, mas, ao contrário, estava ligada a ela e talvez estivesse relacionada às suas experiências traumatizantes na infância, quando perdeu a mãe e a irmã mais velha, vítimas da tuberculose (Chilvers, 1996, p. 366).

Segundo as palavras do próprio Munch, quando pintou, em 1893, a obra *O Grito (The Scream)*, foi como se tivesse visto a cena acontecer, como se estivesse tendo uma alucinação:

> *De repente o céu ficou vermelho-sangue. Eu parei e me inclinei sobre o parapeito, morto de cansaço, e olhei para as nuvens flamejantes que pendiam como sangue sobre o fiorde preto-azulado e a cidade. Meus amigos seguiram. Eu fiquei ali, tremendo de medo. E senti um grito alto e interminável perpassando a natureza.*
> (Newbery, 2003, p. 36)

O gesto da figura principal, com as mãos levadas ao rosto, demonstra seu desespero, e as linhas em forma de ondas parecem reverberar o som de um grito. As únicas figuras "retas" da imagem são duas pessoas que se encontram na lateral esquerda da obra, talvez representando pessoas alheias ao problema pelo qual Munch estava passando, talvez uma imagem distante dos amigos que andavam à sua frente.

O Expressionismo pode ser considerado um movimento que fez a ponte entre a arte do passado e a do futuro, permitindo que o artista do século XX se tornasse um pesquisador de sua própria arte, sem se preocupar com temas e regras preestabelecidos.

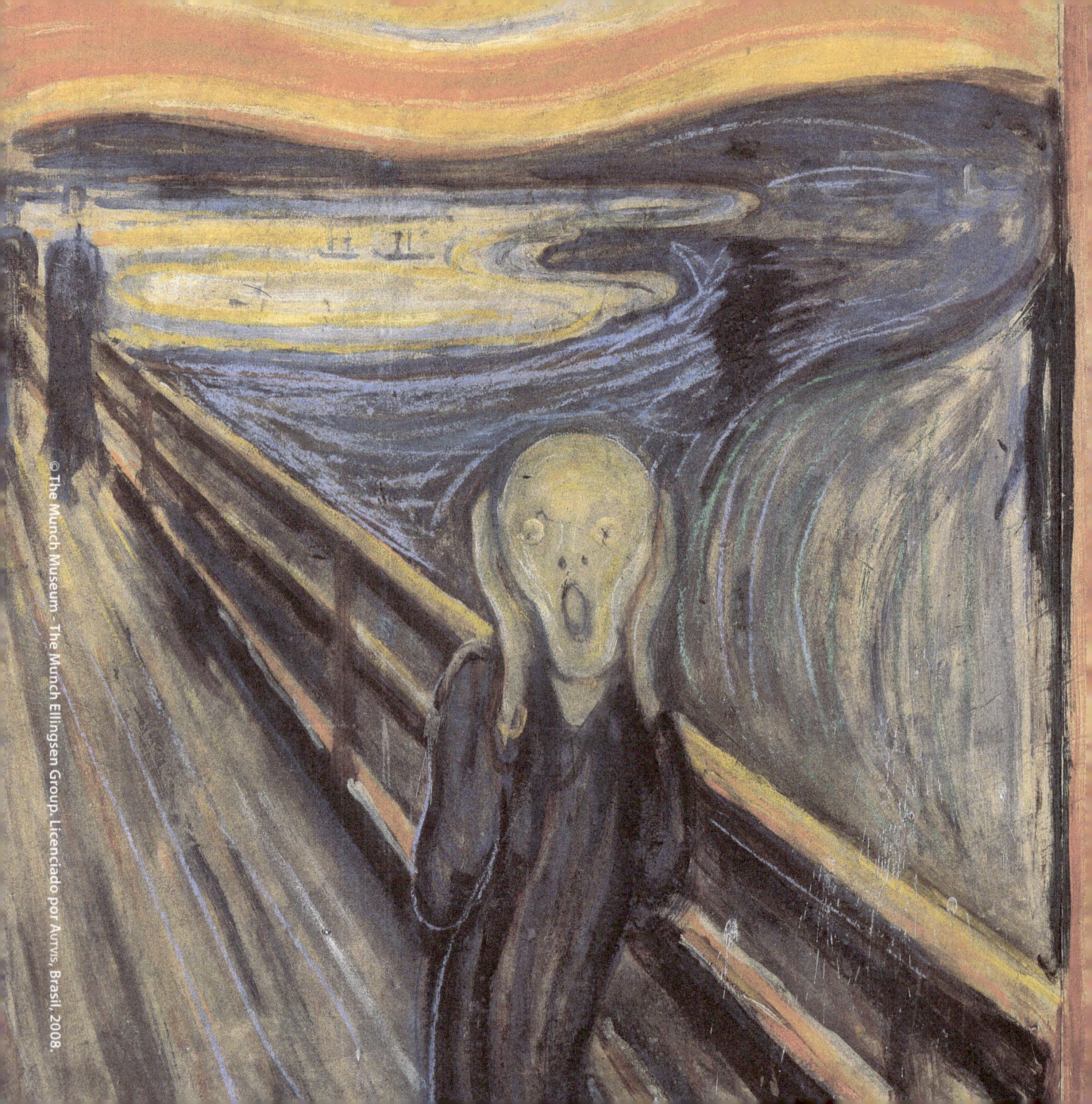

5.2 Cubismo*

Por volta de 1907, ocorreram as primeiras manifestações do movimento cubista, cuja proposta estética sofreu influência principalmente das formas geometrizadas dos trabalhos de Cézanne e das esculturas africanas, em especial as máscaras. A representação tridimensional dos objetos deu lugar à representação bidimensional, de forma que todas as faces das imagens fossem retratadas na tela, por meio de planos geométricos. Para que as imagens pudessem ser reconhecidas, os artistas normalmente trabalhavam com motivos conhecidos, como garrafas, frutas, instrumentos musicais, entre outros.

Além disso, a arte cubista colocou o tema num papel secundário para se preocupar com questões ligadas à construção das formas na obra, permitindo que os artistas buscassem fazer experiências cada vez mais inovadoras e se inspirassem em objetos produzidos em culturas pouco exploradas, como as esculturas africanas.

Uma das obras que abriram caminho para as experiências com as formas foi a tela *Les Demoiselles d'Avignon*, pintada em 1907 por Pablo Picasso. Nela, nota-se a presença de cinco mulheres, que aparentemente estão posando para o artista. O tratamento dado aos seus corpos lembra muito o trabalho de Cézanne, pelas formas geométricas marcadas por linhas quebradas que deformam as figuras. Os rostos assemelham-se aos das esculturas africanas e prenunciam uma característica peculiar dos cubistas: o deslocamento de partes da face e a falta de preocupação em realizar uma obra que se assemelhasse à realidade.

As pesquisas cubistas sobre as formas alcançaram tal grau de desenvolvimento que resultaram na criação de obras nas quais pouco ou quase nada pode ser identificado e com cores cada vez mais monocromáticas. A essa nova forma de trabalho deu-se o nome de *Cubismo Analítico*, que pode ser observado nas obras de Picasso e Braque, no período que vai aproximadamente de 1910 a 1912.

à esquerda:
O Grito.
Edvard Munch, 1893.

página seguinte:
Les Demoiselles d'Avignon.
Pablo Picasso, 1907.

* Seção baseada em GOMBRICH, 2002, p. 573-578.

© Succession Pablo Picasso. Licenciado por Autvis, Brasil, 2008.

© Braque, Georges. Licenciado por Autvis, Brasil, 2008.

página anterior:
O Português Emigrante.
Georges Braque, 1911-1912.

à direita:
Café da Manhã.
Juan Gris, 1915.

Na obra *O Português Emigrante* (*Le Portugais – The Emigrant*), de Georges Braque, nota-se essa característica. Os elementos concretos são pouco evidenciados na obra, dando lugar a formas geométricas, como triângulos, linhas quebradas e outras formas.

Com o esgotamento dessas pesquisas, o Cubismo entrou, por volta de 1913-1914, em sua fase sintética. Entre as principais propostas dessa fase, em cuja elaboração Juan Gris teve participação muito importante, estão a volta ao uso de imagens reconhecíveis e o trabalho com colagens (Chilvers, 1996, p. 137-138). O quadro *Café da Manhã* (*Breakfast*), de Gris, é uma síntese dessas propostas, pois, além de ser construído com a técnica da colagem, mostra fragmentos de objetos facilmente reconhecíveis, como um pedaço de jornal, o contorno de um bule de café, uma moringa de água, um copo, enfim, elementos que fariam parte de uma mesa de café da manhã.

5.3 Surrealismo*

O Surrealismo, como a maior parte das artes do início do século XX, teve início na França e desenvolveu-se predominantemente nas décadas de 1920 e 1930, com uma proposta muito influenciada pelas teorias do sonho e do inconsciente de Sigmund Freud. Os surrealistas buscavam explorar as imagens dos sonhos de maneira irracional, desvinculando-as da realidade mundana. Muitas vezes, essas obras pareciam sem sentido. Expressavam, porém, os sentimentos mais íntimos e verdadeiros dos homens.

* Seção baseada em CHILVERS, 1996.

Esse movimento costuma agradar muito aos alunos por causa de suas imagens "irreais", que despertam seu interesse e curiosidade e os fazem tentar decifrar o que o artista pretendia com a obra, levando-os a expor mais suas opiniões.

JOURNAL

© Salvador Dalí, Fondation Gala, Licenciado por Aurvis, Brasil, 2008.

A proposta dos surrealistas, que se opunham à arte de seu tempo, era exatamente esta: buscar atingir o público de maneira que o fizesse refletir sobre a obra, e não simplesmente contemplá-la.

A obra A *Metamorfose de Narciso* (*Metamorphosis of Narcissus*), de Salvador Dali, é uma síntese das características marcantes do movimento. As duas imagens idênticas lembram rochas, mas, na verdade, formam os corpos de Narciso. O reflexo desses corpos não é visto inteiro na água, mas um ao lado do outro. Várias pessoas menores são percebidas entre os dois corpos, no caminho de uma estrada que se perde no horizonte. O corpo da direita tem uma flor na cabeça. O que isso estaria representando? Permitir que a imaginação trabalhe com múltiplas interpretações e possibilidades certamente é o melhor exercício para se compreender o Surrealismo.

Um fato que facilita a pesquisa desse movimento é que os artistas deixaram registrados vários pensamentos sobre suas obras, o que permite um melhor entendimento sobre elas. Portanto, um estudo sobre as biografias desses artistas ou mesmo sobre seus cadernos de anotações pode facilitar a compreensão sobre a maneira de pensar deles.

Principais pontos sobre as vanguardas

Destacamos, a seguir, as características mais marcantes dos principais movimentos de vanguarda:
- ~ Expressionismo: impulso e sentimento para o uso emocional da cor e da linha, simplificação das formas;
- ~ Cubismo: na fase analítica, objetos fragmentados, obras monocromáticas; na fase sintética, figuras reconhecíveis e uso de colagens diversas;
- ~ Surrealismo: valorização do irreal e do sonho, liberação de imagens do inconsciente, expressão de sentimentos íntimos e verdadeiros.

Outros artistas de vanguarda de destaque são:

à esquerda:
A *Metamorfose de Narciso*.
Salvador Dali, 1937.

- Ernst Ludwig Kirchner (1880-1938): Expressionismo;
- André Derain (1880-1954): Cubismo;
- Umberto Boccioni (1882-1916): Futurismo;
- Carlo Carrá (1881-1966): Futurismo;
- Giacomo Balla (1871-1958): Futurismo;
- Giorgio de Chirico (1888-1978): Pintura Metafísica;
- Marcel Duchamp (1887-1968): Dadaísmo;
- Man Ray (1870-1977): Dadaísmo e Surrealismo;
- Joan Miró (1893-1983): Surrealismo;
- Wassily Kandinsky (1866-1944): Abstracionismo;
- Piet Mondrian (1872-1944): Cubismo e Abstracionismo.

Síntese

Vimos de forma breve alguns dos principais movimentos de vanguarda e seus maiores expoentes. Cabe, porém, ao professor aprofundar seus estudos sobre outras manifestações de arte moderna, como o Futurismo (1909), que trabalhou com a ideia do movimento, e a arte dadá (1915-1916), que fazia uma forte crítica à alienação das pessoas diante dos problemas da guerra, ambos muito importantes nesse contexto. Outros movimentos de destaque são: Pintura Metafísica (1910) e Abstracionismo (décadas de 1920 e 1930).

Indicações culturais

Sites

Fundació Joan Miró. Disponível em: <http://www.bcn.fjmiro.es>. Acesso em: 5 mar. 2007.

Mac. Disponível em: <http://www.macvirtual.usp.br>. Acesso em: 4 mar. 2007.

Musée National Picasso Paris. Disponível em: <http://www.musee-picasso.fr>. Acesso em: 4 mar. 2007.

Filmes

Os Amores de Picasso. Direção: James Ivory. EUA: 1996.

Tempos modernos. Direção: Charles Chaplin. EUA: 1936.

As Artes do século XX. Luciano Migliaccio. As vanguardas da 1ª metade do século XX. A arte depois da Segunda Guerra Mundial. Cultura Marcas e Espaço Cultural CPFL. Brasil: Log On Editora e Multimídia, 2005.

> Os sites *sugeridos permitem conhecer mais imagens sobre os artistas mencionados. O filme* Os amores de Picasso *procura mostrar, além da vida particular do pintor, seu processo de criação, em meio ao contexto histórico da época.* As artes do século XX *traz o professor Migliaccio comentando as vanguardas artísticas.*

Capítulo 6

A Missão Francesa

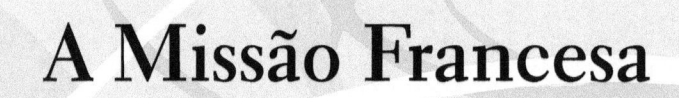

A ARTE BRASILEIRA SOFREU GRANDES mudanças após a chegada de artistas franceses contratados para remodelar a imagem da cidade do Rio de Janeiro. Embora com clara pretensão política, a vinda desses artistas contribuiu para que a arte no Brasil passasse por transformações e o País negasse seu passado cultural, buscando, a partir de então, inspiração na arte europeia.

Essa mudança no panorama artístico brasileiro nem sempre é estudada com clareza e, por esse motivo, o presente capítulo apresentará de forma sucinta as principais consequências e mudanças sofridas na arte brasileira na passagem do período colonial para os períodos imperial e republicano.

6.1 Remodelando a cidade e a arte*

O rei D. João VI contratou artistas franceses de renome para virem ao Brasil e remodelarem a cidade do Rio de Janeiro. A proposta fazia parte de um projeto político para tornar essa cidade, onde vivia a família real, o mais parecida possível com os grandes centros urbanos europeus e, dessa maneira, o governo pudesse atrair investimentos estrangeiros. Na verdade, a vinda desses artistas ao Brasil, conhecida como Missão Artística Francesa, atendeu a interesses tanto da Coroa quanto dos artistas que dela fizeram parte, pois estavam desejosos de explorar novas terras depois de terem perdido seu poder e prestígio na França, após a queda de Napoleão.

Quando chegaram ao País, em 1816, eles passaram longo tempo aguardando que questões burocráticas fossem resolvidas e a Academia de Arte, na qual haviam sido contratados para trabalhar, pudesse iniciar suas atividades. Foram dez anos de espera, possibilitando a esses artistas tomarem maior contato com a produção local, que lhes causou certo desprezo, pois a consideraram diferente da proposta de trabalho que desenvolviam na Europa, principalmente em seus aspectos técnicos.

O rebuscamento, as curvas e as ornamentações não eram bem-vistos por esses europeus, que buscavam a pureza e a sobriedade das linhas e das formas. Além disso, as obras locais se assemelhavam aos trabalhos da arte barroca europeia, pelo movimento dos corpos, pelo uso das cores, pelos efeitos ilusionistas da pintura no teto da igreja, enfim, por diversos detalhes que remetiam a uma forma de arte que os integrantes da missão tinham aprendido a combater, desde o período em que trabalhavam na Europa.

É importante ressaltar que essa era a visão dos artistas franceses e, atualmente, não é mais levada em consideração para o julgamento da qualidade das obras

* Seção baseada em Cortelazzo, 2004, p. 27-35.

produzidas pelos artistas locais na época. Hoje, entende-se que, mesmo trabalhando em condições precárias e não tendo acesso a escolas de arte, eles desenvolveram uma estética própria, ligada à cultura daquele tempo.

Até a chegada da Missão Francesa, a produção local estava ligada às tradições religiosas, com certo predomínio da escultura sobre as demais formas de arte, pois se acreditava que, por ser tridimensional, ela conseguia sensibilizar mais as pessoas. A maior parte dessas obras locais era realizada de maneira autodidata, por artesãos e também por escravos. Um desses artistas locais foi Aleijadinho. Observando-se sua obra *Passos da Paixão, Caminho para o Calvário*, uma escultura em madeira policromada, fica evidente seu trabalho minucioso para obter uma dramaticidade realista.

Infelizmente, quase não existem registros da produção artística colonial, o que impossibilita um conhecimento mais profundo sobre as realizações desses artistas anônimos. O que se sabe é que produziam uma arte que, na verdade, estava longe de divulgar uma imagem condizente com o momento político de valorização da Corte no qual o País se encontrava.

A proposta pedagógica dos mestres franceses era inspirada no modelo das grandes academias de arte europeias. Defendiam o ensino do desenho nos anos iniciais da formação do artista, para que, então, mais preparado e seguro, pudesse realizar suas obras.* Com a inauguração da academia e o início oficial das aulas no Brasil, em 1826, o ensino de Arte no Brasil passou a ser sistematizado. Como acontece com todo projeto, muitos problemas precisaram ser resolvidos no início, mas o funcionamento da academia fortaleceu a arte acadêmica no Brasil.

Basicamente, ensinava-se na academia o rigor das esculturas antigas e renascentistas, bem como suas regras de proporção e equilíbrio. As formas humanas deveriam seguir os padrões estabelecidos como perfeitos e a pintura histórica era, da mesma forma que na Europa, a mais valorizada. Assim, os alunos contavam

* Para mais informações sobre as propostas das aulas, ver o capítulo 2 da dissertação de mestrado de CORTELAZZO, 2004.

SPQR

com aulas de desenho de observação, de escultura com moldes em gesso copiados dos antigos, desenhos de estampas e de modelo-vivo, etapas fundamentais para que tivessem condições de fazer, no futuro, sua opção pelo gênero artístico que mais lhes agradasse.

Debret foi um dos professores da academia que integrou a Missão Francesa. Lecionava a cadeira de Pintura Histórica e teve como discípulo Manuel Araújo Porto-Alegre, que, na década de 1840, pintou a *Sagração de D. Pedro II*, muito semelhante em sua composição à obra de Debret *Estudo para a Sagração de D. Pedro I*. É visível a estruturação de ambas as obras em perspectiva, que leva o olhar para a cena principal. Nas duas, também são notados elementos da arquitetura que nos remetem à Antiguidade Clássica, como as colunas em estilo coríntio (no quadro de Porto-Alegre). As figuras se posicionam de maneira equilibrada, em poses estáticas, lembrando estátuas gregas, e não cheias de movimento, como era comum no Barroco brasileiro.

Produzidas respectivamente por mestre e aluno, as telas *Sagração de D. Pedro II* e *Estudo para a Sagração de D. Pedro I* diferem muito das primeiras imagens da arte colonial e representam períodos distintos, com propostas que determinaram mudanças no tratamento artístico. Assim, é preciso que os alunos compreendam que não se trata de uma questão de qualidade, de julgar qual é melhor ou pior. O artista de formação acadêmica se ocupava em seus estudos de todos os detalhes da obra: anatomia correta, posição dos personagens, para dar a impressão de estarem todos envolvidos em uma cena, cuidado com a fidelidade na representação das vestimentas, uso racional, sóbrio e equilibrado da cor.

Mesmo com o advento da República, a pintura histórica de grandes dimensões continuou tendo o maior destaque e valor. Não se percebem de imediato grandes mudanças pictóricas. Na verdade, apenas com a chegada do século XX as artes plásticas nacionais sofreram uma mudança drástica. Foi nesse período

à esquerda:
Passos da Paixão, Caminho para o Calvário.
Aleijadinho, 1796-1799.

páginas seguintes:
Estudo para a Sagração de D. Pedro I.
Jean-Baptiste Debret, s/d.

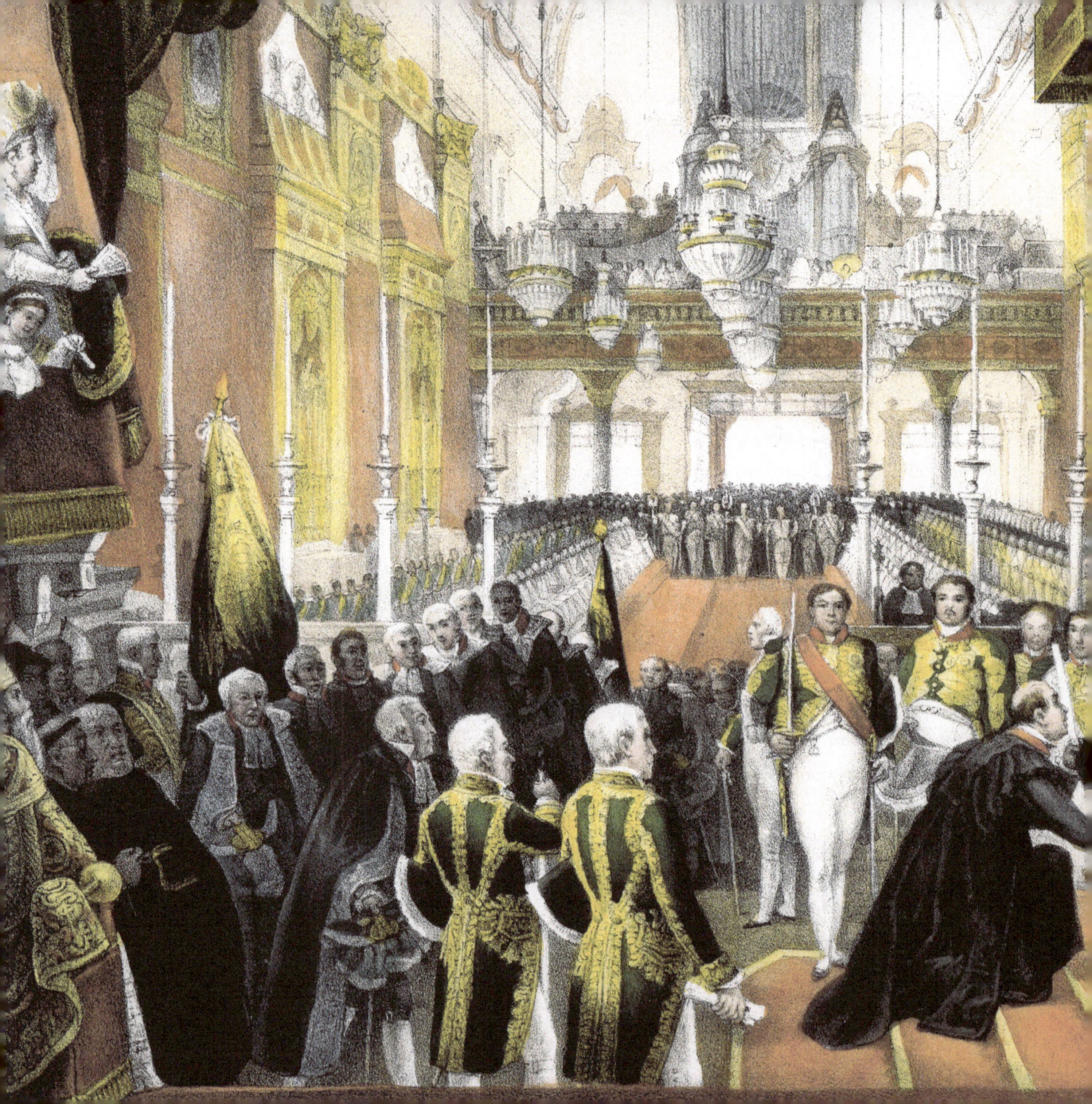

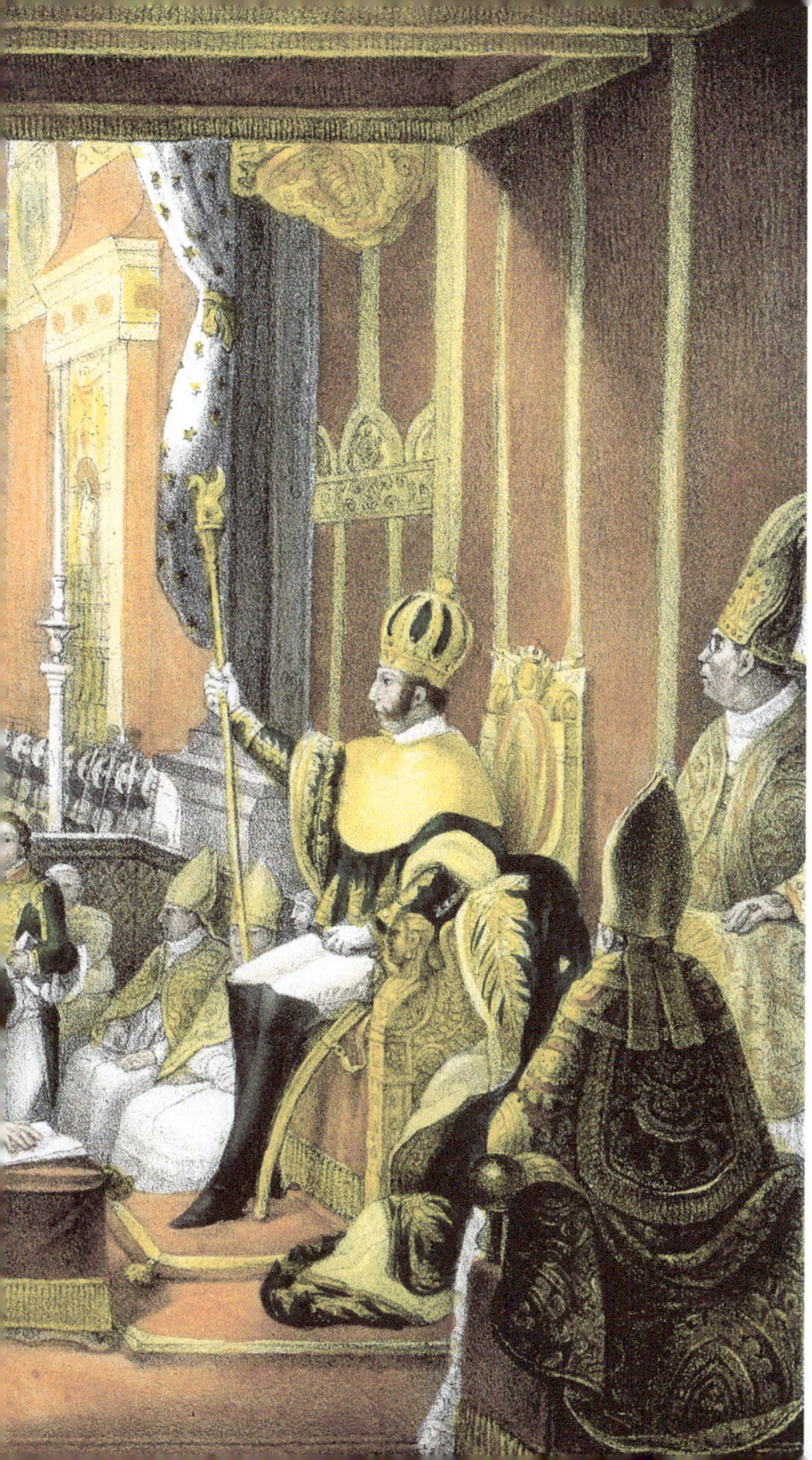

que os artistas começaram a apresentar propostas inovadoras, que já permeavam os circuitos artísticos europeus.

Um dos artistas que estudaram na academia e realizaram sua produção no final do século XIX foi Almeida Junior. Sua proposta era mais realista, ligada ao cotidiano do povo brasileiro, com cenas de interiores, domésticas. Um exemplo é a obra *Caipira Picando Fumo*. Percebe-se a preocupação do artista com o enquadramento do caipira, centralizado, como se estivesse dentro de uma caixa estrutural. A novidade está no tema, diferente do predominante nas pinturas históricas. Almeida Junior trabalhava com uma temática regional, trazendo um novo olhar e uma nova proposta artística.

Principais pontos sobre a Missão Francesa

Destacamos, a seguir, as principais propostas trazidas pelos mestres franceses:
~ transformação da arte religiosa em uma arte de cunho político;
~ modelo de ensino inspirado nas grandes academias de arte europeias;
~ primazia do desenho;
~ pintura histórica de grandes dimensões;
~ estudos de desenho com base em observação de moldes em gesso, estampas e modelo-vivo.

Outros mestres franceses de destaque são:
~ Nicolas Antoine Taunay (1755-1830);
~ Grandjean de Montigny (1776-1850);
~ Marc Ferrez (1788-1850).

Entre os alunos da academia, destacam-se:
~ Henrique Bernardelli (1857-1936);
~ Almeida Junior (1850-1899);
~ Pedro Américo de Figueiredo e Mello (1843-1905);
~ Vitor Meireles (1832-1903);
~ Rodolfo Amoedo (1857-1941).

à direita:
Sagração de D. Pedro II.
Manuel Araújo
Porto-Alegre, [184-].

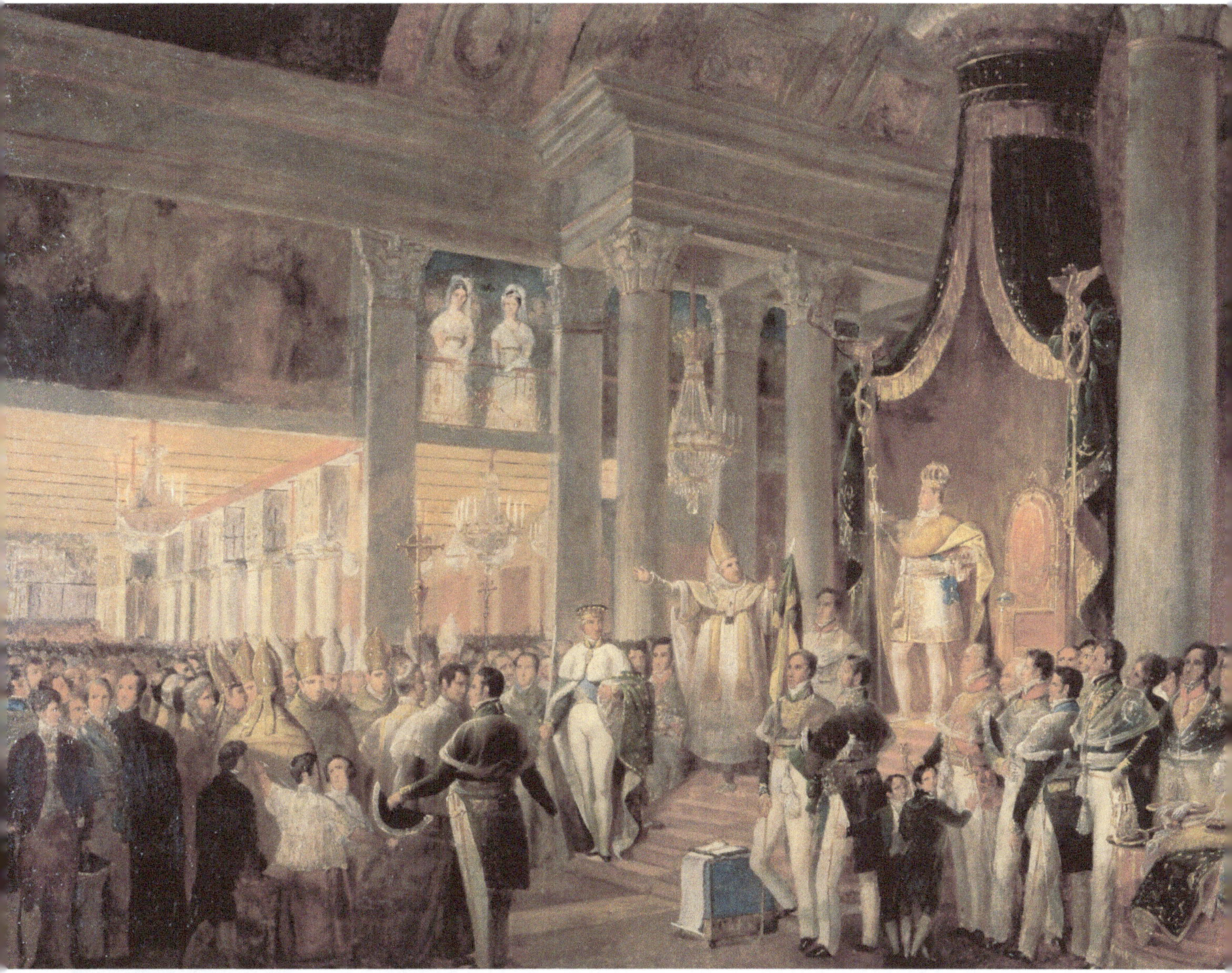

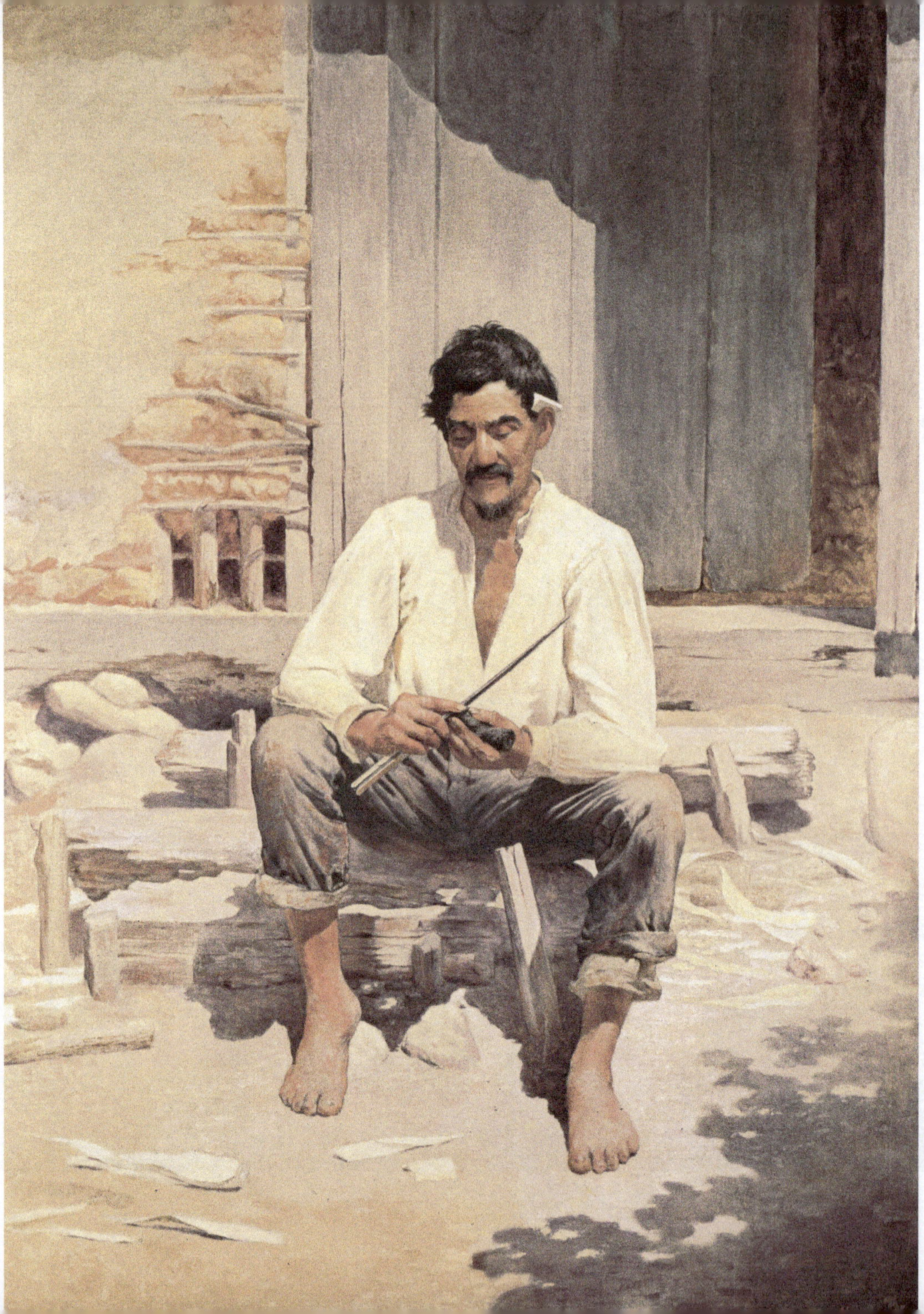

Síntese

A arte acadêmica contribuiu com os interesses da Coroa de remodelar a imagem da cidade e inaugurou um novo período para a história das artes no Brasil, em que se copiaram os modelos das academias europeias e se negou a produção artística desenvolvida no País até a chegada da Missão Artística Francesa. Ao mesmo tempo, porém, elevou o *status* das artes e dos artistas brasileiros.

Indicações culturais

Livros

MARQUES, L. **Mestres da pintura no Brasil** – 30 anos de Credicard. Museu de Arte de São Paulo Assis Chateaubriand, 2001. Exposição e Catálogo Luiz Marques.

MORALES DE LOS RIOS FILHO, A. **O Rio de Janeiro imperial**. Rio de Janeiro: Topbooks, 1946.

Sites

ENCICLOPÉDIA ITAÚ CULTURAL DE ARTES VISUAIS. Disponível em: <http://www.itaucultural.org.br/aplicExternas/enciclopedia_ic/index.cfm>. Acesso em: 5 mar. 2007.

REVISTA MUSEU. Disponível em: <http://www.revistamuseu.com.br/naestrada/naestrada.asp?id=2702>. Acesso em: 5 mar. 2007.

MUSEU HISTÓRICO NACIONAL. Disponível em: <http://www.museuhistoriconacional.com.br/>. Acesso em: 5 mar. 2007.

MUSEU NACIONAL DE BELAS ARTES. Disponível em: <http://www.mnba.gov.br/>. Acesso em: 5 mar. 2007.

à esquerda:
Caipira Picando Fumo.
Almeida Junior, 1893.

Filme

Carlota Joaquina, princesa do Brasil. Direção: Carla Camurati. Brasil: 1995.

> *Nos livros sugeridos, há ilustrações e comentários sobre as imagens produzidas no período estudado. Os sites auxiliam na pesquisa de imagens. O filme apresenta o contexto histórico do Brasil quando da chegada da família real portuguesa.*

Considerações finais

PARA ESCREVER ESTE LIVRO, PERCORREMOS COM a memória os caminhos da sala de aula. Lembramos os assuntos pelos quais os alunos normalmente demonstram maior interesse e as perguntas que costumam fazer. O trajeto do aprendizado sempre requer compromisso e participação. Por isso, salas questionadoras são aquelas que mais nos inspiram.

    Terminada a leitura deste material, não se pode considerar nem que o conteúdo tenha sido esgotado, nem que tudo o que era necessário já tenha sido aprendido. É importante que as pesquisas continuem e que o professor organize os novos conhecimentos adquiridos, procurando adaptá-los à faixa etária com a qual trabalha. A obra escolhida pode ser a mesma em todas as salas. O que muda é a linguagem, voltada para a compreensão de jovens ou crianças. O que muda são as perguntas, o ambiente, o dia, enfim, tudo influencia.

Procuramos estimular a pesquisa de imagens, pois acreditamos que, quanto maior o repertório do professor, mais opções ele terá em seu trabalho. O educador deve inovar sempre, modificar suas aulas, afinal, criatividade é tudo. Se conseguir, durante seu trabalho com a leitura de imagens, que o aluno expresse seus pensamentos com base nas emoções que a obra lhe causou, atingiu os objetivos de toda essa nossa discussão.

Ao trazer uma imagem para a sala de aula e fazer explanações sobre ela, o professor estimula os alunos a pensarem, mas é fundamental que permita que todos externem suas opiniões, incluindo aqueles que não conseguiram se emocionar com a obra. Por que não? Existe sempre uma boa justificativa para isso.

O estudo teórico das artes também pode ser muito prazeroso, desde que se torne significativo para os alunos. Por isso, o professor deve sentir quais imagens têm maior aceitação e iniciar seu trabalho por elas, para depois chegar às mais "difíceis", no ponto de vista dos alunos. Deve procurar integrar as aulas com atividades práticas, lembrando que, além da apreciação e da reflexão, a prática também é muito importante. Falar de Renascimento pode servir de inspiração para um trabalho com a técnica do desenho em perspectiva, falar em Barroco pode sugerir um estudo maior das cores e falar dos pós-impressionistas talvez possa inspirar trabalhos cheios de simbologia, usando-se, para isso, as cores e deformações.

Enfim, o professor criativo e que se sente estimulado por seu trabalho encontrará seu caminho. O importante é perceber quanto as questões teóricas podem contribuir para o enriquecimento da aula.

Atividades

Capítulo 1

Atividades de Autoavaliação

Nas questões 1 a 3, indique V para verdadeiro e F para falso.

1. A leitura de imagens deve contemplar:
   - ( ) o maior número de aspectos ligados à técnica, à vida do artista, a dados históricos e culturais, além da opinião do aluno.
   - ( ) o maior número de aspectos ligados à técnica, à vida do artista, a dados históricos e culturais, além da opinião do aluno, mas privilegiando a opinião do professor.
   - ( ) exclusivamente aspectos relacionados às técnicas de pintura usadas pelo artista.
   - ( ) exclusivamente aspectos relacionados à vida do artista.

2. Com a divulgação dos Parâmetros Curriculares Nacionais (PCN), a imagem:
   ( ) deixou de ser incorporada à disciplina de Arte.
   ( ) passou a constituir, por meio de sua leitura, um conhecimento necessário na disciplina de Arte.
   ( ) passou a ser usada com a finalidade de releitura.
   ( ) deve ser estudada também para ampliar o repertório cultural do aluno.

3. O afresco é uma técnica de pintura que:
   ( ) foi usada em substituição à técnica de pintura a óleo.
   ( ) era aplicada sobre superfícies secas.
   ( ) é realizada sobre a parede com o reboque ainda úmido.
   ( ) foi muito usada pelos artistas de vanguarda do início do século XX.

Nas questões 4 e 5, indique a alternativa correta.

4. Ambrogio Lorenzetti foi um pintor que:
   a) viveu no século XVI.
   b) era adepto da pintura a óleo.
   c) alcançou grande fama como pintor em Siena.
   d) foi desprezado como artista em sua época.

5. Os afrescos pintados por Lorenzetti no Palazzo Pubblico de Siena apresentam uma temática:
   a) desvinculada das questões sociais.
   b) ligada a questões sociais.
   c) relacionada com a mitologia.
   d) predominantemente religiosa.

Atividades de Aprendizagem

Questões para Reflexão

1. Leia as propostas do PCN de Arte e reflita sobre o que é possível realizar em sua escola.

2. Reflita sobre como seria a "aula ideal" de Arte.

Atividade Aplicada: Prática

Trace um plano de metas sobre as atividades que você pretende incorporar ao seu planejamento, mas que ainda sinta necessidade de aprofundar.

Capítulo 2

Atividades de Autoavaliação

Nas questões 1 a 3, indique V para verdadeiro e F para falso.

1. O Renascimento artístico tinha como característica:
   ( ) figuras harmoniosas e equilibradas, seguindo rígidos esquemas de composição.
   ( ) a inspiração nas obras da Antiguidade Clássica.
   ( ) figuras harmoniosas e desequilibradas, seguindo rígidos esquemas de composição.
   ( ) a superação da imitação por meio de estudos em cartões.

2. Sobre a arte barroca europeia, é correto afirmar que:
   ( ) teve diferentes manifestações, conforme o país no qual o artista vivia.
   ( ) teve manifestações uniformes, em todos os países europeus.
   ( ) teve influência da religião praticada em cada país.
   ( ) privilegiou as cores e o movimento.

3. Quanto aos temas religiosos, pode-se afirmar que:
   ( ) foram completamente abolidos entre os séculos XV e XVII.
   ( ) foram usados em todo o decorrer da Idade Moderna.
   ( ) foram incentivados pela Igreja, para doutrinar os fiéis.
   ( ) foram bastante usados, porque os pintores eram católicos.

Nas questões 4 e 5, indique a alternativa correta.

4. No quadro de Botticelli, água, flores de laranjeira e concha podem simbolizar respectivamente:
   a) início primordial de todos os seres, pureza, beleza encantadora.
   b) sangue transformado, pureza, beleza encantadora.
   c) beleza encantadora, pureza e início primordial de todos os seres.
   d) sangue transformado, beleza encantadora e pureza.

5. Sobre o Rococó, é correto afirmar que:
   a) privilegiava o uso de exuberantes efeitos de luz e sombra.
   b) representava a aristocracia francesa e sua frivolidade.
   c) fez uma severa crítica à Igreja.
   d) buscou uma composição equilibrada, na qual a figura principal estava sempre centralizada na cena.

Atividades de Aprendizagem

Questões para Reflexão

1. Reflita sobre a importância da produção artística do Período Moderno.

2. Quais artistas mais lhe despertam interesse nesse período?

Atividade Aplicada: Prática

Pesquise imagens que representem a arte dos séculos XVI e XVII nos países católicos e nos países protestantes. Imprima-as, observe suas diferenças e faça comentários sobre aquelas com que mais se identificar, procurando pensar por que razão o atraíram.

Capítulo 3

Atividades de Autoavaliação

Nas questões 1 a 3, indique V para verdadeiro e F para falso.

1. A arte neoclássica:
   - ( ) foi representativa no período que compreende o final do século XVIII e o início do século XIX.
   - ( ) foi representativa do período compreendido entre o final do século XVIII e o final do século XIX.
   - ( ) resgatou as ideias do Barroco e do Rococó.
   - ( ) resgatou as ideias da Antiguidade Clássica.

2. O Neoclassicismo artístico:
   - ( ) sofreu influência da arte antiga e dos acontecimentos ligados à peste negra.
   - ( ) privilegiou o estudo do desenho.
   - ( ) sofreu influência da arte antiga e dos acontecimentos ligados às ideias iluministas.
   - ( ) privilegiou os efeitos de luz e sombra.

3. As escavações arqueológicas em Pompeia e Herculano:
   - ( ) possibilitaram o acesso a obras da Antiguidade.
   - ( ) influenciaram os estudos artísticos neoclássicos.

( ) destruíram os últimos vestígios artísticos da Antiguidade.

( ) aumentaram o fluxo de turistas nos Países Baixos.

Nas questões 4 e 5, indique a alternativa correta.

4. A pintura neoclássica:
   a) foi afetada pelo gosto dramático.
   b) foi afetada pelo excesso de ornamentos.
   c) enalteceu o gosto pelas obras religiosas.
   d) enalteceu o gosto pelas obras renascentistas.

5. A obra de Jacques-Louis David apresenta as características básicas do Neoclassicismo. São elas:
   a) sobriedade, equilíbrio e ornamentação.
   b) razão, equilíbrio e emotividade contida.
   c) emotividade contida, ornamentação e razão.
   d) equilíbrio, personagens emotivos e razão.

Atividade Aplicada: Prática

Procure imagens de obras do período neoclássico e exercite a leitura de imagens.

Atividades de Aprendizagem

Questões para Reflexão

1. Busque mais informações sobre os ideais iluministas.

2. Faça uma pesquisa sobre a vida e as obras de Jacques-Louis David.

Capítulo 4

Atividades de Autoavaliação

Nas questões 1 a 3, indique V para verdadeiro e F para falso.

1. Sobre o Impressionismo, é correto afirmar que se trata de um:
   ( ) movimento artístico da segunda metade do século XVIII.
   ( ) movimento artístico da segunda metade do século XIX.
   ( ) movimento que privilegiou a pintura ao ar livre.
   ( ) movimento que resgatou os ideais neoclássicos.

2. O Impressionismo:
   ( ) apresentou-se de maneira homogênea.
   ( ) retomou as pesquisas sobre os ideais de beleza.
   ( ) teve sua maior representatividade na Grécia.
   ( ) trabalhou temas religiosos.

3. De modo geral, os impressionistas:
   ( ) tinham pontos de vista em comum e trabalhos distintos.
   ( ) tinham pontos de vista diferentes e trabalhos semelhantes.
   ( ) não se preocupavam com grandes temas.
   ( ) trouxeram uma nova estética para a arte.

Nas questões 4 e 5, indique a alternativa correta.

4. O Pós-Impressionismo:
   a) resgatou ideias acadêmicas.
   b) foi um desenvolvimento natural do Impressionismo.
   c) enalteceu o gosto pelas composições estruturadas.
   d) procurou inspiração na mitologia grega.

5. Os artistas pós-impressionistas:
   a) obtiveram grande sucesso com suas propostas inovadoras.
   b) dedicaram-se a captar em sua arte o fenômeno da luz.
   c) defendiam a pintura ao ar livre.
   d) apresentavam características particulares.

Atividades de Aprendizagem

Questões para Reflexão

1. Leia as cartas de Van Gogh ao seu irmão Theo.

2. Aprofunde seus conhecimentos sobre Cézanne.

Atividade Aplicada: Prática

Vivencie a experiência impressionista tirando várias fotos de um mesmo local, em momentos diferentes do dia. Registre os horários e observe os efeitos da variação da luz.

Capítulo 5

Atividades de Autoavaliação

Nas questões 1 a 3, indique V para verdadeiro e F para falso.

1. O Expressionismo:
   - ( ) teve como representantes artistas como Miró, Kandinsky e Matisse.
   - ( ) teve como representantes artistas como Munch e Kirchner.
   - ( ) trabalhou com a expressividade da cor.
   - ( ) trabalhou com a expressividade das formas.

2. O Cubismo:
   - ( ) inovou ao desmembrar as figuras em cubos partidos.
   - ( ) resgatou as ideias de Cézanne e da arte africana.
   - ( ) introduziu novas técnicas, como a colagem.
   - ( ) resgatou as ideias de Cézanne e dos acadêmicos.

3. Os cubistas:
   - ( ) evitaram o uso de formas geométricas.
   - ( ) desenvolveram pesquisas com colagens diversas.
   - ( ) opunham-se à arte passadista.
   - ( ) opunham-se a regras preestabelecidas.

Nas questões 4 e 5, indique a alternativa correta.

4. O Surrealismo:
   a) trabalhou com formas geométricas.
   b) resgatou ideias acadêmicas.
   c) trabalhou com ideias e imagens do inconsciente.
   d) usou o Abstracionismo.

5. As vanguardas europeias:
   a) tinham como proposta trabalhar com a mitologia.
   b) tinham como proposta trabalhar com o movimento.
   c) procuravam uma arte dedicada a captar o fenômeno das cores.
   d) procuravam apresentar uma proposta de trabalho original e surpreendente.

Atividades de Aprendizagem

Questões para Reflexão

1. Nos *sites* recomendados, procure mais imagens sobre o Cubismo e o Surrealismo.

2. Pesquise outros movimentos de vanguarda, como o Dadaísmo e o Futurismo.

Atividade Aplicada: Prática

Elabore uma atividade de aula usando obras de vanguarda.

Capítulo 6

Atividades de Autoavaliação

Nas questões 1 a 3, indique V para verdadeiro e F para falso.

1. A Missão Francesa:
   ( ) no Brasil, opôs-se à arte colonial.
   ( ) veio ao Brasil para modificar a imagem da cidade do Rio de Janeiro.
   ( ) era integrada por artistas que vieram ao Brasil para fugir da França.
   ( ) propôs a inauguração de uma academia aos moldes europeus.

2. No Brasil, a arte acadêmica:
   ( ) é praticada na Academia Imperial de Belas Artes.
   ( ) iniciou-se com a vinda da Missão Artística Francesa.
   ( ) opõe-se à produção de uma arte religiosa.
   ( ) é ensinada por artistas trazidos de Portugal.

3. Os artistas da Missão Francesa:
   ( ) elaboraram uma rigorosa proposta de trabalho artístico para ser implantada no Brasil.
   ( ) elaboraram uma proposta de trabalho artístico que estimulava a criação livre.
   ( ) buscaram uma proposta segundo a tradição das academias europeias.
   ( ) tinham formação nas academias de Portugal.

Nas questões 4 e 5, indique a alternativa correta.

4. A pintura histórica:
   a) foi abandonada pelos artistas acadêmicos.
   b) desenvolveu-se naturalmente a partir da arte colonial.
   c) foi o gênero mais valorizado durante o Império.
   d) abriu espaço para a pintura colonial.

5. Sobre Debret, pode-se dizer que:
   a) foi diretor da Academia Imperial de Belas Artes.
   b) viveu no Brasil até sua morte.
   c) defendia a pintura ao ar livre.
   d) desenvolveu uma série de pinturas sobre a vida cotidiana no Brasil.

Atividades de Aprendizagem

Questões para Reflexão

1. Aprofunde seus estudos sobre o motivo que trouxe os artistas franceses ao Brasil.

2. Procure mais imagens de obras produzidas pelos artistas e alunos da Academia Imperial de Belas Artes.

Atividade Aplicada: Prática

Faça uma pesquisa na sua cidade e procure manifestações artísticas do século XIX. Elas se aproximam mais do academicismo ou da arte religiosa?

Relação de obras

Capítulo 1

Allegory of the Good Government
Ambrogio Lorenzetti, ca. 1337-1340. Afresco, 296 × 1398 cm. Palazzo Pubblico, Siena – Itália.
Crédito: Other Images

Allegory of the Good Government (left view, detail)
Ambrogio Lorenzetti, ca. 1337-1340. Afresco. Palazzo Pubblico, Siena – Itália.
Crédito: Other Images

Effects of Good Government on the City Life (detail)
Ambrogio Lorenzetti, 1337-1340. Afresco. Palazzo Pubblico, Siena – Itália.
Crédito: Other Images

Allegory of Bad Government (detail)
Ambrogio Lorenzetti, ca. 1337-1340. Afresco. Palazzo Pubblico, Siena – Itália.
Crédito: Corbis/Latin Stock

Capítulo 2

Trinity
Masaccio, 1425-1428. Afresco, 667 × 317 cm. Santa Maria Novella, Florença – Itália.
Crédito: Other Images

The Birth of Venus
Sandro Botticelli, 1485. Têmpera sobre tela, 172,5 × 278,5 cm. Galleria degli Uffizi, Florença – Itália.
Crédito: Other Images

La Ninfa Galatea
Rafael del Sanzio, 1512-1514. Afresco, 295 × 225 cm. Villa Farnesina, Roma – Itália.
Crédito: AKG/Latin Stock

The Ecstasy of Saint Therese
Gian Lorenzo Bernini, 1645-1652. Escultura em mármore branco. Cappella Cornaro, Santa Maria della Vittoria, Roma – Itália.
Crédito: AKG/Latin Stock

The Anatomy Lecture of Dr. Nicolaes Tulp
Armensz van Rijn Rembrandt, 1632. Óleo sobre tela, 169,5 × 216,5 cm. Mauritshuis, Haia – Holanda.
Crédito: AKG/Latin Stock

Le Rendez-vous de Chasse
Antoine Watteau, 1720. Óleo sobre tela, 128 × 194 cm. The Wallace Collection, Londres – Reino Unido.
Crédito: Album/Latin Stock

Capítulo 3

The Oath of Horatii
Jacques-Louis David, 1784. Óleo sobre tela, 330 × 425 cm. Musée du Louvre, Paris – França.
Crédito: Other Images

The Death of Socrates
Jacques-Louis David, 1787. Óleo sobre tela, 130 × 196 cm. Metropolitan Museum of Art, New York – EUA.
Crédito: Corbis/Latin Stock

Consecration of the Emperor Napoleon I and Coronation of the Empress Josephine
Jacques-Louis David, 1805-1807. Óleo sobre tela, 629 × 979 cm. Musée du Louvre, Paris – França.
Crédito: Other Images

Capítulo 4

Impression Soleil Levant
Claude Monet, 1872. Óleo sobre tela, 48 × 63 cm. Musée Marmottan Monet, Paris – França.
Crédito: AKG/Latin Stock

Water-Lilies
Claude Monet, 1916-1923. Orangerie, Paris – França.
Crédito: Corbis/Latin Stock

Rouen Cathedral, Midday
   Claude Monet, 1894. Óleo sobre tela. The Pushkin Museum of Fine Arts – Rússia.
   Crédito: Corbis/Latin Stock

Rouen Cathedral, Evening
   Claude Monet, 1894. Óleo sobre tela. The Pushkin Museum of Fine Arts – Rússia.
   Crédito: Corbis/Stock Photos

Rouen Cathedral, The West Portal and Saint--Romain Tower, Full Sunlight
   Claude Monet, 1893. Óleo sobre tela. Musée d'Orsay, Paris – França.
   Crédito: AKG/Latin Stock

Two Sisters – On the Terrace
   Pierre-Auguste Renoir, 1881. Óleo sobre tela, 100,5 × 81 cm. The Art Institute of Chicago – EUA. Mr. and Mrs. Lewis Larned Coburn Memorial Collection.
   Crédito: Superstock/Keystone

Bal du Moulin de la Galette
   Pierre-Auguste Renoir, 1876. Óleo sobre tela, 131 × 175 cm. Musée d'Orsay, Paris – França.
   Crédito: AKG/Latin Stock

La Classe de Danse
   Edgar Degas, 1871-1874. Óleo sobre tela, 85 × 75 cm. Musée d'Orsay, Paris – França.
   Crédito: AKG/Latin Stock

Singer with a Glove
   Edgar Degas, 1878. Pastel e tinta sobre tela, 52,8 × 41,1 cm. Fogg Art Museum, Harvard University Art Museums, Cambridge – EUA.
   Crédito: Corbis/Latin Stock

The Large Bathers
   Paul Cézanne, 1899-1900. Óleo sobre tela, 208 × 249 cm. Philadelphia Museum of Art – EUA.
   Crédito: Corbis/Latin Stock

Femmes de Tahiti
   Paul Gauguin, 1891. Óleo sobre tela, 69 × 91 cm. Musée d'Orsay, Paris – França.
   Crédito: AKG/Latin Stock

The Night Cafe in the Place Lamartine in Arles
   Vincent van Gogh, 1888. Óleo sobre tela, 70 × 89 cm. Yale University Art Gallery, New Haven – EUA.
   Crédito: AKG/Latin Stock

Capítulo 5

The Scream
   Edvard Munch, 1893. Óleo e pastel sobre cartão, 91 × 73,5 cm. The National Gallery, Oslo – Noruega.
   Crédito: Other Images

Les Demoiselles d'Avignon
   Pablo Picasso, 1907. Óleo sobre tela, 243,9 × 233,7 cm. The Museum of Modern Art, New York – EUA.
   Crédito: Superstock/Keystone

Le Portugais – The Emigrant
   Georges Braque, 1911-1912. Óleo sobre tela, 117 × 81,5 cm. Kunstmuseum Basel, Basel – Suíça.
   Crédito: AKG/Latin Stock

Breakfast
   Juan Gris, 1915. Óleo e carvão sobre tela, 92 × 73 cm. Centre Georges Pompidou, Paris – França.
   Crédito: Other Images

Metamorphosis of Narcissus
   Salvador Dali, 1937. Óleo sobre tela, 51 × 78 cm. Tate Modern, Londres – Reino Unido.
   Crédito: AKG/Latin Stock

Nacional, Rio de Janeiro – Brasil.
Crédito: Paulo Scheuenstuhl

Caipira Picando Fumo
   Almeida Junior, 1893. Óleo sobre tela, 200 × 140 cm. Pinacoteca do Estado de São Paulo – Brasil.
   Crédito: Romulo Fialdini

Capítulo 6

Passos da Paixão, Caminho para o Calvário
   Aleijadinho, 1796 - 1799. Escultura. Congonhas do Campo, Minas Gerais – Brasil.
   Crédito: Hércules Testa/Latin Stock

Estudo para a Sagração de D. Pedro I
   Jean-Baptiste Debret, s/d. Óleo sobre tela, 43 × 63 cm. Museu Nacional de Belas Artes, Rio de Janeiro – Brasil.
   Crédito: AKG/Latin Stock

Sagração de D. Pedro II
   Manuel Araújo Porto-Alegre, [184-]. Óleo sobre tela, 80 × 110 cm. Museu Histórico

Relação de artistas

Almeida Junior (1850-1899): aluno da Academia Imperial de Belas Artes do Rio de Janeiro na década de 1870.

Ambrogio Lorenzetti (ca. 1290 – ca. 1348): um dos maiores artistas italianos de sua época.

Aleijadinho (1738-1814): Antônio Francisco Lisboa, escultor e arquiteto brasileiro.

Amoedo, Rodolfo (1857-1941): pintor brasileiro que estudou na Academia Imperial de Belas Artes do Rio de Janeiro na década de 1870.

Balla, Giacomo (1871-1958): pintor e escultor italiano.

Bernardelli, Henrique (Chile, 1857 – Rio de Janeiro, 1936): aluno da Academia Imperial de Belas Artes do Rio de Janeiro na década de 1870.

Bernini, Gian Lorenzo (1598-1680): pintor, escultor e arquiteto italiano.

Boccioni, Umberto (1882-1916): pintor e escultor italiano.

Botticelli, Sandro (1444-1510): pintor florentino.

Boucher, François (1703-1770): pintor, gravador e *designer* francês.

Braque, Georges (1882-1963): pintor francês.

Caravaggio, Michelangelo Merisi da (1571-1610): pintor italiano.

Carrá, Carlo (1881-1966): pintor italiano.

Cassatt, Mary (1844-1926): pintora e gravadora americana que trabalhou em Paris.

Cézanne, Paul (1839-1906): pintor francês.

Chirico, Giorgio de (1888-1978): pintor italiano.

Corot, Jean-Baptiste Camille (1796-1875): pintor francês.

David, Jacques-Louis (1748-1825): pintor francês.

Debret, Jean-Baptiste (1768-1848): pintor francês que foi membro da Missão Artística Francesa como pintor histórico.

Degas, Edgar (1834-1917): pintor francês.

Derain, André (1880-1954): pintor, artista gráfico e escultor francês.

Duchamp, Marcel (1887-1968): artista francês e teórico da arte.

Dürer, Albrecht (1471-1528): pintor e artista gráfico alemão.

Fragonard, Jean-Honoré (1732-1806): pintor francês.

Frans Hals (ca. 1581-1666): pintor holandês.

Gauguin, Paul (1848-1903): pintor francês que produziu grande parte de sua obra no Taiti.

Grandjean de Montigny (1776-1850): arquiteto francês que foi membro da Missão Artística Francesa no Brasil.

Gris, Juan (1887-1927): pintor espanhol.

Ingres, Jean-Auguste-Dominique (1780-1867): pintor francês.

Kandinsky, Wassily (1866-1944): pintor russo e teórico da arte.

Kirchner, Ernst Ludwig (1880-1938): pintor, artista gráfico e escultor alemão.

Leonardo da Vinci (1452-1519): artista, cientista e pensador florentino.

Maillol, Aristide (1861-1944): escultor, pintor, *designer* de tapeçaria e artista gráfico francês.

Man Ray (1870-1977): pintor, escultor, fotógrafo e cineasta americano.

Manet, Édouard (1832-1883): pintor e artista gráfico francês.

Marc Ferrez (1788-1850): escultor francês que

integrou a Missão Artística Francesa no Brasil.

Masaccio (1401-1428): pintor florentino.

Matisse, Henri (1869-1954): pintor, escultor, artista gráfico e projetista francês.

Mestre Ataíde (1762-1830): Manuel da Costa Ataíde, pintor mineiro nascido em Mariana.

Michelangelo Buonarroti (1475-1564): escultor, pintor, desenhista, arquiteto e poeta florentino.

Miró, Joan (1893-1983): pintor e artista gráfico espanhol.

Mondrian, Piet (1872-1944): pintor holandês.

Monet, Claude (1840-1926): pintor francês.

Munch, Edvard (1863-1944): pintor, litógrafo, xilógrafo e água-fortista norueguês.

Pedro Américo de Figueiredo e Mello (1843-1905): pintor brasileiro que estudou na Academia Imperial de Belas Artes do Rio de Janeiro na década de 1860.

Picasso, Pablo (1881-1973): pintor, artista gráfico, *designer*, ceramista e escultor espanhol.

Pissarro, Camille (1830-1903): pintor e artista gráfico francês.

Rafael del Sanzio (1483-1520): pintor e arquiteto italiano, nascido em Urbino.

Rembrandt Harmensz van Rijn (1606-1669): pintor e desenhista holandês.

Renoir, Pierre-Auguste (1841-1919): pintor francês.

Rodin, Auguste (1840-1917): escultor francês.

Rubens, Peter Paul (1577-1640): pintor e *designer* flamengo.

Seurat, Georges (1859-1891): pintor francês fundador do Neo-Impressionismo.

Signac, Paul (1863-1935): pintor francês.

Sisley, Alfred (1839-1899): pintor francês.

Taunay, Nicolas Antoine (1755-1830): pintor francês que foi membro da Missão Artística Francesa como pintor de paisagem.

Tiziano, Vecellio (ca. 1485-1576): pintor veneziano.

Toulouse-Lautrec, Henri de (1864-1901): pintor e artista gráfico francês.

Van Gogh, Vincent (1853-1890): pintor e desenhista holandês que viveu a maior parte de sua vida artística na França.

Vitor Meireles (1832-1903): pintor brasileiro que foi aluno da Academia Imperial de Belas Artes do Rio de Janeiro na década de 1840.

Watteau, Jean-Antoine (1684-1721): pintor francês.

Referências

ALMEIDA, M. J. de. **Cinema**: arte da memória. Campinas: Autores Associados, 1999.

ANDERSON, R. **Salvador Dali**. São Paulo: Ática, 2004. (Coleção Grandes Mestres).

ARGAN, G. C. **Arte moderna**: do Iluminismo aos movimentos contemporâneos. São Paulo: Companhia das Letras, 1992.

BAXANDALL, M. **O olhar renascente**: pintura e experiência social na Itália da Renascença. Rio de Janeiro: Paz e Terra, 1991. (Oficina das Artes, v. 6).

BECKER, U. **Dicionário de símbolos**. São Paulo: Paulus, 1999. (Coleção Dicionários).

BRASIL. Ministério da Educação. Secretaria de Educação Fundamental. **Parâmetros Curriculares Nacionais**: Arte. Brasília: MEC/SEF, 1998.

BULFINCH, T. **O livro de ouro da mitologia**: histórias de deuses e heróis. 8. ed. Rio de Janeiro: Ediouro, 1999.

CHILVERS, I. **Dicionário Oxford de arte**. São Paulo: Martins Fontes, 1996.

CHRISTUS REX. Disponível em: <http://www.christusrex.org/>. Acesso em: 24 fev. 2007.

COLI, J. **O que é arte**. São Paulo: Brasiliense, 2003. (Coleção Primeiros Passos).

CORTELAZZO, P. R. **O ensino do desenho na Academia Imperial de Belas Artes do Rio de Janeiro e o acervo do Museu D. João VI**: (1826-1851). Campinas, 2004. 125 f. Dissertação (Mestrado em Artes Plásticas) – Instituto de Artes, Universidade Estadual de Campinas.

CUMMING, R. **Para entender a arte**. São Paulo: Ática, 1996.

DOMÍNIO PÚBLICO. Disponível em: <http://www.dominiopublico.gov.br/pesquisa/PesquisaObraForm.jsp>. Acesso em: 22 fev. 2007.

ELIAS, N. **A sociedade de Corte**: investigação sobre a sociologia da realeza e da aristocracia de Corte. Rio de Janeiro: J. Zahar, 2001.

ENCICLOPÉDIA ITAÚ CULTURAL DE ARTES VISUAIS. Disponível em: <http://www.itaucultural.org.br/aplicExternas/enciclopedia_ic/index.cfm>. Acesso em: 5 mar. 2007.

FUNDACIÓ JOAN MIRÓ. Disponível em: <http://www.bcn.fjmiro.es>. Acesso em: 5 mar. 2007.

GALLERIA D'ARTE. Disponível em: <http://www.lannaronca.it/galleria%20p.htm>. Acesso em: 28 fev. 2007.

GOMBRICH, E. H. **A história da arte**. Rio de Janeiro: LTC, 2002.

GUINSBURG, J. **O classicismo**. São Paulo: Perspectiva, 1999.

HISTORIANET. A nossa história. Disponível em: <http://www.historianet.com.br/conteudo/default.aspx?codigo=651>. Acesso em: 24 fev. 2007.

HODGE, S. **Claude Monet**. São Paulo: Ática, 2004. (Coleção Grandes Mestres).

IBIBLIO. Disponível em: <http://www.ibiblio.org/>. Acesso em: 28 fev. 2007.

ICONOGRAPHOS. **Livro 2**: os alvores do Renascimento. Disponível em: <http://iconographos.blogspot.com/2006/02/livro-2-os-alvores-do-renascimento.html>. Acesso em: 10 mar. 2008.

MAC – Museu de Arte Contemporânea da Universidade de São Paulo. Disponível em: <http://www.macvirtual.usp.br>. Acesso em: 4 mar. 2007.

MARQUES, L. **Mestres da pintura no Brasil** – 30 anos de Credicard. Museu de Arte de São Paulo Assis Chateaubriand, 2001. Exposição e Catálogo Luiz Marques.

Morales de los Rios Filho, A. **O Rio de Janeiro imperial**. Rio de Janeiro: Topbooks, 1946.

Musée d'Orsay. Disponível em: <http://www.musee-orsay.fr/>. Acesso em: 28 fev. 2007.

Musée National Picasso Paris. Disponível em: <http://www.musee-picasso.fr>. Acesso em: 4 mar. 2007.

Museo Nacional del Prado. Disponível em: <http://museoprado.mcu.es/index.php?id=50>. Acesso em: 24 fev. 2007.

Museu Histórico Nacional. Disponível em: <http://www.museuhistoriconacional.com.br/>. Acesso em: 5 mar. 2007.

Museu Nacional de Belas Artes. Disponível em: <http://www.mnba.gov.br/>. Acesso em: 5 mar. 2007.

Museus. Disponível em: <http://www.museus.art.br>. Acesso em: 21 fev. 2007.

Newbery, E. **Como e por que se faz arte**. São Paulo: Ática, 2003.

Palazzo Pubblico. Disponível em: <http://www.jmrw.com/Abroad/Sienne/pages/02b_jpg.htm>. Acesso em: 21 fev. 2007.

Proença, G. **História da arte**. São Paulo: Ática, 2004.

Revista Museu. Disponível em: <http://www.revistamuseu.com.br/naestrada/naestrada.asp?id=2702>. Acesso em: 5 mar. 2007.

Rijksmuseum Amsterdam. Disponível em: <http://www.rijksmuseum.nl/index.jsp>. Acesso em: 24 fev. 2007.

Rossi, M. H. W. **Imagens que falam**: leitura da arte na escola. Porto Alegre: Mediação, 2003.

Sans, P. de T. C. **Fundamentos para o ensino das artes plásticas**. Campinas: Alínea, 2005.

Scarborough, K. **Pablo Picasso**. São Paulo: Ática, 2004. (Coleção Grandes Mestres).

Schmidt, J. **Vincent Van Gogh** – pintor das cartas. Florianópolis: Livraria e Editora Obra Jurídica, 1996. (Coleção Biografias Insólitas, v. V).

Site Officiel du Musée du Louvre. Disponível em: <http://www.louvre.fr/llv/commun/home.jsp>. Acesso em: 24 fev. 2007.

Sócrates. Disponível em: <http://www.educ.fc.ul.pt/docentes/opombo/hfe/momentos/escola/socrates/mortedesocrates.htm#>. Acesso em: 24 fev. 2007.

Strickland, C. **Arte comentada**: da pré-história ao pós-moderno. 7. ed. Rio de Janeiro: Ediouro, 2002.

Web Gallery of Art. Disponível em: <http://www.wga.hu/index.html>. Acesso em: 21 fev. 2007.

Winckelmann, J. J. **Reflexões sobre a arte antiga**. Porto Alegre: Movimento, 1975.

Bibliografia comentada

ARGAN, G. C. **Arte moderna**: do Iluminismo aos movimentos contemporâneos. São Paulo: Companhia das Letras, 1992.

Esse é um livro clássico sobre as artes moderna e contemporânea.

CHILVERS, I. **Dicionário Oxford de arte**. São Paulo: Martins Fontes, 1996.

O dicionário contém a biografia de artistas, além de explicações sobre movimentos e técnicas artísticas.

GOMBRICH, E. H. **A história da arte**. Rio de Janeiro: LTC, 2002.

Um dos autores de história da arte e da cultura mais conhecidos e respeitados apresenta neste livro um panorama de toda a transformação artística da história.

PROENÇA, G. **História da arte**. São Paulo: Ática, 2004.

Esse livro didático conta, com uma linguagem simples, toda a história da arte.

Gabarito

Capítulo 1

Atividades de Autoavaliação

1. V, F, F, F
2. F, V, F, V
3. F, F, V, F
4. c
5. b

Capítulo 2

Atividades de Autoavaliação

1. V, V, F, V
2. V, F, V, V
3. F, V, V, F
4. a
5. b

Capítulo 3

Atividades de Autoavaliação

1. V, F, F, V
2. F, V, V, F
3. V, V, F, F
4. d
5. b

Capítulo 4

Atividades de Autoavaliação

1. F, V, V, F
2. F, F, F, F
3. V, F, V, V
4. b
5. d

Capítulo 5

Atividades de Autoavaliação

1. F, V, V, V
2. V, V, V, F
3. F, V, V, V
4. c
5. d

Capítulo 6

Atividades de Autoavaliação

1. V, V, V, V
2. V, V, F, F
3. V, F, V, F
4. c
5. d

Nota sobre a autora

Patricia Rita Cortelazzo é graduada em Educação Artística com habilitação em Artes Plásticas (1995) pela Universidade Santa Cecília dos Bandeirantes (Santos-SP) e mestre em Artes, na linha de pesquisa Fundamentos Teóricos das Artes (2004), pelo Instituto de Artes da Universidade Estadual de Campinas (Unicamp). Atualmente, é doutoranda no Programa de Pós-Graduação em Educação da Faculdade de Educação da Unicamp, realizando pesquisas na linha de Educação, Conhecimento, Linguagem e Arte. Participa de encontros do Grupo Olho (Laboratório de Estudos Audiovisuais), na mesma faculdade. Em termos profissionais, atua como professora do ensino básico desde 1993. Atualmente, é também professora de Artes e História da Arte para alunos do ensino médio e presta serviços de assessoria pedagógica para faculdades no Estado de São Paulo.

Os papéis utilizados neste livro, certificados por instituições ambientais competentes, são recicláveis, provenientes de fontes renováveis e, portanto, um meio responsável e natural de informação e conhecimento.

FSC
www.fsc.org
MISTO
Papel | Apoiando
o manejo florestal
responsável
FSC® C103535

Impressão: Reproset
Julho/2023